LE RÉGIME ERDOĞAN

Préambule

Je suis issu d'une lignée joyeuse, qui célèbre tout dès qu'elle le peut, mais qui porte en secret la marque de ceux qui ont été chassés et torturés. Cette douleur est visible dans les magnifiques yeux de ma mère. Cette douleur est palpable dans les légers tremblements qui agitent les lèvres de mon père quand on parle de l'Arménie. Car leurs parents à eux ont vécu le génocide et l'ont fui.

J'ai grandi au milieu d'eux, voilà qui explique que j'aie été baigné d'histoire, que je sois aujourd'hui le coprésident du Conseil de coordination des organisations arméniennes de France, le CCAF, que je me sois tôt intéressé à la Turquie aussi. Mais ce n'est pas ce qui explique que j'aie voulu écrire ce livre. Si mes origines m'ont donné envie de comprendre la haine viscérale que les dirigeants turcs vouent au peuple arménien depuis de multiples décennies, c'est le dégoût de l'injustice qui porte ici mes mots.

J'aurais pu écrire sur les enfants soldats, sur la maltraitance animale, sur le racisme ou la pauvreté, j'aurais pu rédiger des pages et des pages sur tout ce qui me fait bondir et rugir, et un jour je le ferai. Car c'est à mes yeux un devoir que de s'indigner et de combattre toute forme d'injustice.

Introduction

J'ai choisi ici de parler de Recep Tayyip Erdoğan car il est aujourd'hui l'une des plus grandes menaces pesant sur nos démocraties. Le président de la République turque fait peur aux dirigeants du monde entier. Il représente un danger pour les populations, et son implication auprès des djihadistes n'est plus un secret.

J'ai voulu écrire cet ouvrage pour que vous puissiez savoir qui est Erdoğan et le risque qu'il représente pour chacune et chacun d'entre nous. Dans ce livre, vous découvrirez de quelle manière il élimine ses opposants et envoie à l'étranger les plus expérimentés de ses agents.

L'exemple le plus emblématique est celui d'Ismail Hakkı Musa. Numéro 2 du MIT, les services secrets turcs, en janvier 2013, au moment de l'assassinat de trois militantes kurdes à Paris, il est nommé ambassadeur en France deux ans plus tard, en 2015. Il est, de notoriété publique, suspecté d'être l'architecte de ce triple assassinat. La police française le sait, et la France lui a pourtant remis ses lettres de créance sans aucun problème. Il a pu poursuivre son travail de structuration et de renforcement des réseaux turcs.

Erdoğan est puissant. Par son extrémisme, par sa volonté d'étendre l'influence et la position de la Turquie dans le monde, par la force de son discours et parce qu'il veut dominer, coûte que coûte. Il veut dominer les États, il veut dominer leurs dirigeants, il veut dominer les populations. Il veut dominer le monde arabe en s'imposant comme le champion de l'islamisme. Il veut imposer la Turquie dans le monde. Depuis près de vingt ans, Erdoğan a testé les dirigeants occidentaux et a compris la faiblesse des démocraties.

Lui est un homme fort, il a commandé son peuple en Turquie en l'islamisant, il a organisé sa diaspora en la politisant et en lui confiant une mission : celle d'être les ambassadeurs de la Turquie partout où les Turcs sont installés.

Et la France est une priorité pour le président turc. En France, Recep Tayyip Erdoğan a connu Jacques Chirac, Nicolas Sarkozy, François Hollande et maintenant Emmanuel Macron. Lui est toujours là. Il a eu le temps d'installer ses relais politiques, religieux, économiques et mafieux en toute tranquillité, car avec la complicité de nombreux élus, fonctionnaires, responsables, groupes industriels.

Avec le temps, il s'est radicalisé et a su constituer une menace. Issu de l'islamisme radical, il est membre des Frères musulmans. Il a soutenu Daesh, inspiré le terrorisme islamiste, accueilli les terroristes dans des camps en Turquie et les a financés et armés. Avec le temps, ils sont de plus en plus implantés, de mieux en mieux organisés, ils vont peser durablement et leur influence va continuer à se développer si la France ne change pas de posture. La faiblesse de la réponse française est une aubaine pour le président turc. Le poids immense des diplomates auprès des dirigeants de notre pays constitue un problème de fond dont le chef de l'État français devra se libérer s'il veut protéger ses populations efficacement.

L'omniprésence du Quai d'Orsay et de sa doctrine – se montrer faible avec les forts et fort avec les faibles – devra être contrôlée. Pour assurer la sécurité des Françaises et des Français et de toutes les femmes et tous les hommes qui vivent dans notre pays, il faudra prendre des décisions radicales. Par son autoritarisme à l'intérieur de son pays et son expansionnisme à l'extérieur,

Erdoğan veut se positionner comme un dirigeant intouchable. Va-t-on le laisser faire ? Il veut dominer l'islam pour dominer une partie du monde. Il sait que c'est en apparaissant comme le père de tous les musulmans dans le monde entier qu'il renforcera plus encore ses positions.

Alors oui, ce livre est une alerte. C'est même un acte citoyen. Personne ne pourra dire qu'on ne savait pas !

1

Sur les droits de l'homme en Turquie : coupable !

19 octobre 2021, la Commission européenne rend un rapport sur la Turquie. Le but de ce document est de savoir si l'adhésion du pays à l'Union est envisageable, adhésion demandée depuis 1987. Voici ce qu'il dévoile dans ses conclusions : « Il existe de graves déficiences dans le fonctionnement des institutions démocratiques de la Turquie [...]. Des déficiences structurelles demeurent dans le système présidentiel [...]. Le Parlement ne dispose toujours pas des moyens nécessaires pour demander des comptes aux pouvoirs publics. L'architecture constitutionnelle a poursuivi la centralisation des pouvoirs au niveau de la présidence sans garantir une séparation saine et réelle des pouvoirs entre l'exécutif, le législatif et le judiciaire [...]. Les partis de l'opposition

continuent d'être dans la ligne de mire, la Cour constitutionnelle, notamment, ayant accepté une mise en accusation du procureur général près la Cour de cassation visant à dissoudre le deuxième plus important parti d'opposition, ce qui a contribué à l'affaiblissement du pluralisme politique en Turquie. »

Le rapport insiste aussi sur la pression dont font l'objet les maires turcs – les maires d'opposition au régime d'Erdoğan bien sûr. Il est relevé qu'ils sont révoqués par décret, c'est-à-dire sur la seule volonté présidentielle, qu'ils font l'objet d'enquêtes administratives et judiciaires, que certains d'entre eux, pour ne pas dire tous, sont « remplacés par des administrateurs nommés par le gouvernement, ce qui prive les citoyens de la représentation de leur choix ». L'analyse, tout en restant en surface, signifie que « des centaines de responsables politiques et de mandataires élus locaux ont été arrêtés sur la base de chefs d'inculpation liés au terrorisme ».

Car c'est ainsi qu'Erdoğan muselle ses opposants, en les accusant purement et simplement d'être des sympathisants terroristes, sans autre forme de procès. Quelle ironie pour celui qui semble n'avoir qu'une volonté : mettre le monde à feu et à sang… Mais nous y reviendrons et en attendant, voici des chiffres et des faits prouvant que le président turc bafoue les droits de l'homme en Turquie, comme aucun autre dirigeant ne l'a jusque-là fait sur son sol. Et qu'il agit de la sorte depuis de nombreuses années.

Nuit du 15 au 16 juillet 2016 : une tentative de coup d'État a lieu en Turquie, principalement à Ankara et Istanbul. Elle est commanditée par le Conseil de la paix dans le pays. C'est une faction des forces armées turques que le gouvernement d'Erdoğan accuse d'être liée à Fethullah Gülen. Cet homme est un imam, philosophe et écrivain turc, enseignant un islam moderne, à savoir empreint de science, prônant le dialogue interconfessionnel et la démocratie. Prêchant pour une ouverture au monde, il dialogue avec les représentants religieux du monde entier, dont le pape Jean-Paul II notamment à son époque.

La tentative de coup d'État est un échec, et selon le bilan officiel, on décompte plus de 290 morts et 1 440 civils blessés.

Les jours suivant le putsch, les autorités turques entreprennent une série d'arrestations. Parmi les personnes ciblées : des militaires, des policiers, des enseignants, des juristes, des travailleurs de la santé, des médias et d'entreprises privées, en grand nombre. Durant la purge, seize chaînes de télévision sont supprimées et vingt-quatre journalistes, arrêtés. Le président turc décrète l'état d'urgence pour une durée de trois mois et annonce que son pays va déroger à la Convention européenne des droits de l'homme. Le monde est scandalisé, médias internationaux en tête, mais l'homme ne recule pas, ne s'immobilise pas non plus. Déterminé à éliminer ses opposants, il resserre l'étau.

Le 19 août 2016, 25 917 personnes sont placées en garde à vue dans le cadre de l'enquête sur le coup d'État avorté ; 13 419 personnes sont mises en détention préventive ; les passeports de 74 562 personnes sont confisqués, tous corps de métier confondus. Dans le détail, près de 5 000 fonctionnaires de l'État turc sont licenciés et 80 000, suspendus ; 4 262 fondations, hôpitaux, institutions éducatives, associations, médias, syndicats et entreprises sont fermés sur ordre du gouvernement. Deux mois plus tard, fin octobre, 10 131 fonctionnaires supplémentaires sont limogés et 35 000 personnes sont jetées en prison.

Quelques semaines après, en novembre 2016, une nouvelle série de limogeages est lancée avec le renvoi de près de 15 000 autres personnes accusées d'avoir participé au coup d'État ou de l'avoir soutenu. Parmi elles, 7 600 travaillaient à la sécurité intérieure, 2 700 appartenaient au ministère de l'Intérieur. On compte aussi 1 200 enseignants licenciés. Quelque 550 associations et 19 institutions médicales sont forcées de fermer.

Au total, entre le 15 juillet, jour du putsch raté, et le 18 novembre 2016, Erdoğan révoque plus de 110 000 militaires, fonctionnaires, magistrats, enseignants et policiers. Pire, 36 000 personnes sont incarcérées dans l'attente d'être jugées pour une implication présumée dans la tentative de renversement du gouvernement.

Malgré les appels du monde entier, appels répétés et insistants au président turc sous forme de missives diplomatiques, de propositions de rencontre, de tribunes assassines dans les journaux du reste du globe, l'homme reste sourd aux demandes. Et étrangle plus encore ses opposants. L'état d'urgence se prolonge, sans date de fin annoncée.

Emmanuel Macron est l'un des chefs d'État les plus inquiets de la situation en Turquie, du flagrant recul de la démocratie, puisqu'il est à la tête du pays phare sur cette question, la France, pays des droits de l'homme. Il invite le président turc à Paris, invitation acceptée et honorée le vendredi 5 janvier 2018. Dans les semaines qui précèdent l'entretien, le président français promet aux centaines de journalistes qui l'interrogent de parler des libertés fondamentales avec son homologue. Car notre chef d'État a en main un rapport accablant, dont la presse aura connaissance le 20 mars 2018, mais dont les présidents du monde entier sont déjà avisés. Ce rapport est celui de l'ONU, plus précisément du Haut-Commmissariat des Nations unies aux droits de l'homme (HCDH).

Dans ses pages, l'on peut lire ceci : « Les reconductions régulières de l'état d'urgence en Turquie depuis juillet 2016 ont entraîné de graves violations des droits humains de centaines de milliers de personnes. » Le rapport fait état de cas de mauvais traitements, de détentions injustifiées, de privation immotivée du droit au travail, ou encore d'atteintes à la liberté d'association et d'expression mais aussi de cas avérés de torture.

Le haut-commmissaire des Nations unies aux droits de l'homme, Zeid Ra'ad Al Hussein, affirme aussi que l'état d'urgence a été utilisé par Ankara « pour étouffer toute forme de critique ou de dissidence à l'égard du gouvernement ». Il souligne le nombre « ahurissant » d'hommes et femmes incarcérés depuis le début de l'état d'urgence : on en est, en 2017, à 160 000. Il dénombre le renvoi de 152 000 fonctionnaires « dont beaucoup de manière arbitraire », mais également le nombre croissant d'enseignants, juges et avocats mis au ban ou poursuivis. À cela s'ajoutent les 300 journalistes arrêtés au motif que leurs publications contenaient « des incitations à faire l'apologie du terrorisme », à commettre des « infractions verbales » ou à rejoindre des organisations terroristes. Enfin, plus de 100 000 sites web sont bloqués cette même année, dont évidemment de nombreux sites pro-kurdes et chaînes de télévision par satellite. D'après Zeid Ra'ad Al Hussein, l'état d'urgence n'est utilisé que pour entraver de façon autoritariste les droits de l'homme en Turquie.

La communauté internationale apprend, par ce rapport accablant, la tyrannie qu'exerce Erdoğan sur ses opposants, mais reste bouche bée devant des crimes plus graves encore. Car les femmes enceintes n'échappent pas au courroux du dirigeant. L'une des conclusions les plus alarmantes du document, selon le haut-commmissaire, est « la manière dont les autorités turques auraient détenu une centaine de femmes enceintes ou venant d'accoucher, principalement au motif qu'elles étaient associées à leurs maris, soupçonnés d'être liés à des organisations terroristes ». Selon Zeid Ra'ad Al Hussein, certaines de ces femmes ont été détenues avec leurs enfants et d'autres ont été « violemment séparées d'eux ». Au total, le Haut-Commissariat aux droits de l'homme estime qu'en décembre 2017, environ 600 femmes avec de jeunes enfants sont détenues en Turquie, dont une centaine de femmes enceintes ou venant de donner la vie.

Ce rapport, accablant, demande le droit au gouvernement turc d'investiguer sur ces allégations de violations graves des droits de l'homme, afin que les auteurs des méfaits soient traduits en justice. Le HCDH demande également un accès complet au pays. Accès qui, bien entendu, ne sera pas autorisé.

Le 5 janvier 2018, Erdoğan atterrit à Paris. Un déjeuner d'honneur est prévu à l'Élysée mais avant, le président Macron veut s'entretenir avec lui. Il sait que la discussion sera rude, le président turc étant peu policé, mais il décide de l'affronter. Les conseillers diplomatiques sont présents de chaque côté, puis vient le moment que le président français attend : le tête-à-tête. De cette rencontre, rien ou presque ne fuite, si ce n'est cette information : notre chef d'État cite des noms de journalistes, demande à son homologue turc des comptes à leur propos et surtout leur libération. On sait aussi que le Turc rétorque, à chaque nom qui résonne, que ces hommes sont emprisonnés pour affiliation à un groupe terroriste.

Quelques heures plus tard, la classique conférence de presse conjointe suivant chaque rencontre entre dirigeants commence. Emmanuel Macron prend la parole, le visage tendu. Les journalistes comprennent, simplement à sa posture, qu'il n'a pas obtenu la moindre avancée concernant le respect des droits de l'homme en Turquie. Le discours est posé, la voix monocorde. Le président déclare avoir avec Erdoğan « des désaccords sur la vision qui est la nôtre des libertés individuelles ». Il ajoute ensuite : « Je crois très profondément que nous avons un chemin de crête qui est un défi pour tous les dirigeants mais aussi un défi pour la défense de l'État de droit et de la démocratie à l'époque contemporaine [...]. Nos démocraties doivent complètement respecter l'État de droit [...]. Et je suis donc pour ma part persuadé que nous trouverons, sur chacun des sujets de notre échange très direct, des solutions concrètes, réelles et qui permettront [...] de régler ce qui parfois est tout simplement un malentendu mais un malentendu dommageable. Et donc, à cet égard, je mets beaucoup d'intérêt et de force dans cet échange. »

Intérêt et force n'ont aucune prise sur le président turc, puisqu'à peine rentré en Turquie, il continue d'étrangler ses opposants, violant sans vergogne les libertés fondamentales de tous ceux qui le contestent sur sa terre.

À ce moment du quinquennat, Emmanuel Macron croit sincèrement en sa capacité à influencer la posture de son homologue turc. J'ai, à plusieurs reprises, des conversations publiques et privées avec le président de la République pour tenter de le convaincre que la nature même du régime d'Erdoğan est incompatible avec le respect de la démocratie et des libertés. Toutes les personnes présentes se souviennent de notre échange, vif mais courtois, le 30 janvier 2018 au cours du dîner annuel du Conseil de coordination des organisations arméniennes de France que je copréside avec Ara Toranian.

Je lui rappelle qu'« Erdoğan a fermé de nombreux médias, qu'il a ordonné l'arrestation de centaines de milliers d'opposants, de magistrats, d'avocats, de journalistes, de professeurs d'université, d'intellectuels, de parlementaires, de militants kurdes. Il a plongé le pays dans une véritable dictature constitutionnelle [...]. Les minorités sont en danger aujourd'hui en Turquie. Les Arméniens, les Kurdes, les Assyro-Chaldéens, les alévis, les Juifs. Il y en a un qui est en immense danger aujourd'hui en Turquie. Et il est là ce soir, avec nous ! Je veux parler de Garo Paylan. Il porte l'opposition démocratique au sein du Parlement turc. Il a pris le risque inconsidéré de parler du génocide des Arméniens, des droits de l'homme, du droit des Kurdes et des minorités en général. »

Je rappelle ce jour-là aussi à Emmanuel Macron qu'« Erdoğan a même menacé d'organiser un référendum pour rétablir la peine de mort, qu'il a exercé un chantage aux migrants sur l'Europe, qu'il a insulté le gouvernement d'Angela Merkel qu'il a traité de nazi, qu'il a sommé le gouvernement français en demandant au ministre des Affaires étrangères, il y a un peu plus d'un an, de s'occuper de ses affaires, qu'il a menacé les gouvernements suisse, suédois, autrichien, ainsi que le Parlement européen ».

Je lui dis qu'en Turquie, « des rues, des avenues et un mausolée portent le nom de Talaat, le Hitler turc, le ministre de l'Intérieur en 1915, celui qui a mis au point le plan d'extermination des Arméniens. Pourrait-on imaginer la moindre "impasse Adolf-Hitler" quelque part dans le monde ? Si vous avez dit la vérité à Erdoğan sur la question de l'entrée de la Turquie dans l'Union européenne ainsi que sur la question des droits de l'homme, je pourrais aussi vous dire que nous avons été déçus que vous ayez fait l'impasse sur la nécessaire reconnaissance du génocide des Arméniens par la Turquie, la scandaleuse occupation de Chypre Nord par l'État turc, sur les Kurdes qui sont combattus avec force et moyens par l'armée turque, les Kurdes qui luttent contre Daesh. »

Je conclus mon propos ainsi : « Il y a tellement de choses à dire, à dénoncer, à faire progresser,

Monsieur le Président. La France est un grand pays, la France, qui est le pays des droits de l'homme, de la démocratie, le pays des Lumières, le pays de la justice, pourrait hausser le ton, faire preuve de plus de fermeté, de dureté, de clarté pour faire respecter les idéaux dont elle est porteuse. »

Le président de la République positionne sa réponse sur le « nécessaire dialogue avec le président turc, un dialogue exigeant, parfois à l'abri des médias, qui nous a permis d'obtenir des résultats. Nous avons besoin de la Turquie. L'Europe a décidé que la Turquie serait une alliée sur la crise migratoire. Pour notre sécurité, ce dialogue est nécessaire [...]. Nous avons besoin d'alliés, y compris parmi ceux qui ne partagent pas nos valeurs [...]. Nous devons continuer à dialoguer. »

La salle, je m'en souviens comme si c'était hier, réagit, autant le dire, assez mal aux propos d'Emmanuel Macron. Ceux-ci sont jugés beaucoup trop modérés. En un mot, sa réponse est décevante. Nul ne s'oppose à la nécessité d'un dialogue entre les États, y compris entre les démocraties et les dictatures. Il comprendra plus tard, lorsqu'il subira des insultes publiques d'Erdoğan, que nous avions raison. Car malgré le dialogue – surtout lorsqu'il est suggéré par les diplomates, beaucoup trop présents autour du président de la République –, rien ne bouge en Turquie.

La preuve : en 2020, Amnesty International rend un nouveau rapport sur la Turquie. On peut notamment y lire que le pouvoir judiciaire ne respecte ni les principes garantissant l'équité des procès, ni même une procédure régulière. On y apprend que le gouvernement d'Erdoğan utilise des lois antiterroristes pour sanctionner des actes pourtant protégés par le droit international relatif aux droits humains.

On peut aussi y découvrir avec effroi que des membres de la magistrature et d'autres professions juridiques sont sanctionnés pour avoir accompli de façon légitime leurs fonctions professionnelles, et que les dissidents, parmi lesquels figurent un grand nombre de journalistes, utilisateurs de réseaux sociaux, responsables politiques et défenseurs des droits, font l'objet de poursuites judiciaires à répétition, de harcèlement judiciaire. Le document cite quelques exemples probants, dont celui-ci : l'affaire des 10 d'Istanbul. Dix défenseurs des droits de l'homme poursuivis sans motif, de façon parfaitement arbitraire. Trois œuvrent pour l'Helsinki Citizens' Assembly, une organisation promouvant la paix et la démocratie, deux autres pour l'Human Rights Agenda Association, dont la vocation est de surveiller les violations des droits humains en Turquie. Un autre est membre de la Women's Coalition, agissant sur l'égalité des genres et pour le renforcement de la participation des femmes dans la vie publique. Le coordinateur de l'Association for Monitoring Equal Rights, une ONG qui promeut l'égalité et observe les élections de façon indépendante, est aussi mis aux fers, tout comme les consultants suédois et allemands collaborant avec l'agence néerlandaise de développement Hivos pour soutenir les défenseurs des droits humains. Enfin, la directrice d'Amnesty International Turquie est elle aussi incarcérée. Quatre sont condamnés à l'issue d'un procès qui n'en a que le nom. L'un d'entre eux, acquitté, est pourtant également maintenu en détention. Le motif alors invoqué par les autorités est l'épidémie de Covid-19, qui exclut les libérations anticipées…

Une épidémie qui sert parfaitement les intérêts d'Erdoğan. En avril 2020, le gouvernement turc brandit à nouveau la crise pour interdire plusieurs campagnes municipales d'appel aux dons organisées par l'opposition, et lance des enquêtes sur les collectes de fonds lancées par le maire d'Istanbul et celui d'Ankara.

En octobre, on interdit aux soignants de démissionner pour cause de pandémie, et ce pour une durée indéterminée. Un mois plus tard, c'est au tour des entreprises de réseaux sociaux, notamment les géants Facebook, Twitter et Instagram, de tomber sous le joug d'Erdoğan. Elles sont chacune condamnées à une amende de 10 millions de livres turques (plus de 4 millions d'euros) pour n'avoir pas désigné de représentant juridique en Turquie, comme l'exige une législation ordonnée d'une seconde à l'autre. Législation qui n'a pour but que de rendre ces réseaux indisponibles en Turquie.

Le rapport d'Amnesty International pointe en outre les lois liberticides s'accumulant à mesure des années. En juillet 2020, l'une d'elles affaiblit de manière significative les pouvoirs et l'indépendance des associations du barreau. Elle stipule que les avocats représentant des personnes accusées d'« infractions liées au terrorisme » peuvent à leur tour être visés par des enquêtes pénales. Ainsi, deux mois après la mise en place de ces nouvelles règles, la police d'Erdoğan arrête quarante-sept avocats. Une quinzaine sont placés en détention provisoire. La Cour de cassation confirme les peines d'emprisonnement des hommes de loi au titre de la législation relative au terrorisme.

Mais la tyrannie du régime ne s'arrête pas là. Elle s'étend, alourdissant les peines contre les dissidents de façon spectaculaire. Des ex-parlementaires et membres de partis d'opposition font à nouveau l'objet d'enquêtes et de poursuites judiciaires abusives en 2021. En juin, la cour d'appel d'Istanbul confirme la condamnation de la présidente du Parti populaire républicain pour le département d'Istanbul, parti d'opposition. Motif de la poursuite : des tweets qu'elle avait partagés sept ans auparavant contre le régime turc en place. Condamnation : neuf ans et huit mois d'emprisonnement pour « insulte au chef de l'État » et à « un fonctionnaire », « incitation à l'inimitié et à la haine » et « propagande pour une organisation terroriste ».

Erdoğan s'attaque aussi aux homosexuels, annihilant leurs droits. En avril 2021, un haut responsable de la direction des Affaires religieuses clame que l'homosexualité est la cause de la propagation du sida et appelle les « fidèles » à combattre ce « fléau », appel ouvertement soutenu par le président turc. Les hommes de loi et associations du barreau qui critiquent alors ce sermon sont sur-le-champ poursuivis pour « insulte aux valeurs religieuses », comme le prévoit l'article 216-3 du Code pénal mis en place par le gouvernement d'Erdoğan.

Les femmes sont elles aussi victimes de la fureur du chef de l'État turc. Par un décret publié dans la nuit du 19 au 20 mars 2021, Erdoğan concrétise sa décision de se retirer de la convention d'Istanbul, décision qui entre en vigueur le 1er juillet 2021. Cette convention, traité international adopté en 2011 par le Conseil de l'Europe et signé à Istanbul, engage ses signataires à prendre des mesures contre les violences faites aux femmes. La Turquie a été le premier pays à le ratifier, elle est aujourd'hui le seul à s'en dégager parmi les trente-quatre pays européens y ayant adhéré. Malgré les manifestations de milliers de Turcs à travers tout le territoire, malgré les supplications puis injonctions de l'Europe, le président Erdoğan ne bouge pas de ses positions, interdit même le défilé de la Journée internationale des droits des femmes à Istanbul en mars 2021. Pire : il envoie la police sur les manifestants pacifiques ayant bravé l'interdiction de rassemblement.

Il est utile de revenir sur le cas du journaliste Can Dündar qui a fait grand bruit en Turquie. Le 23 décembre 2020, l'homme, alors réfugié en Allemagne, est condamné à vingt-sept ans de prison par un tribunal turc. Il lui est reproché d'être un espion et d'avoir aidé un groupe terroriste. Le journaliste avait révélé en 2015 des livraisons d'armes d'Ankara à des groupes islamistes en Syrie. Images à l'appui, l'enquête avait été publiée dans le quotidien turc *Cumhuriyet* dont il était alors le rédacteur en chef. L'acharnement judiciaire contre les journalistes fait assurément partie de la culture du régime Erdoğan.

Sur le respect des droits de l'homme en Turquie, Recep Tayyip Erdoğan serait, s'il était traduit en justice, évidemment jugé coupable. J'ose croire qu'il le sera, et pas uniquement pour ce crime…

2

Sur l'islamisation de son pays : coupable !

Le 1er mars 2003, Recep Tayyip Erdoğan est nommé Premier ministre, un Premier ministre apparaissant comme un homme providentiel, chantre de l'islamisme modéré, fervent partisan d'une démocratie ouverte au monde, promettant les grandes réformes que la Turquie attend. En un mot : tourné vers la modernité.

Recep Tayyip Erdoğan a un objectif bien précis : faire entrer la Turquie dans l'Union européenne. Il sait qu'il bénéficie d'un capital de sympathie auprès des chancelleries occidentales qui sont aveuglées par l'apparence moderniste des premiers pas du nouveau régime. C'est pour cela qu'il doit mettre en place des mesures rassurantes.

Jusqu'en 2005, il apparaît à la hauteur de ses engagements, gérant la crise économique, s'attaquant également à réformer les institutions et l'éducation, et tâchant ainsi d'être cohérent avec sa stratégie au moment de l'ouverture, en octobre 2005, des négociations pour l'entrée de la Turquie dans l'Union européenne, pourparlers quasiment au point mort alors depuis une décennie.

Sa stratégie le conduit aussi à une gestion délicate de la cause kurde. Son objectif est de créer un clivage entre les Kurdes de Turquie et les organisations militantes, au premier rang desquelles le PKK (Parti des travailleurs du Kurdistan). Son leader, Abdullah Öcalan, a été kidnappé le 15 février 1999, à Nairobi, par les services secrets turcs. Erdoğan joue entre souplesse et répression. Il fait le geste qu'aucun de ses prédécesseurs n'a jusque-là entrepris, annonçant des réformes à venir en faveur des Kurdes. Il veut que la langue kurde soit étudiée dans les écoles de Turquie, entend aussi modifier la définition de la nationalité en supprimant les références à la dépendance turque. Il se présente en modèle pacifiste, et en même temps, intensifie les combats entre l'armée turque et le groupe armé PKK.

Mais à l'automne 2009, il envoie un nouveau signal, d'une force inégalée. Trente-quatre membres et sympathisants du PKK sont autorisés à rentrer en Turquie. Ce signe est une première en vingt-cinq ans, tout comme le fait que les dissidents soient laissés en liberté lorsqu'ils foulent à nouveau le sol turc. Malgré les récriminations de la classe judiciaire et politique, Erdoğan tient, apparaissant une fois de plus, auprès des diplomates occidentaux, comme un messager porteur de paix.

Cependant, en 2010, le masque tombe. Le chef de gouvernement démocrate, ouvert à ses minorités, laisse place à un être méconnaissable, à un despote qui dorénavant effraiera le monde comme aucun autre. Le 12 septembre, il fait voter une réforme de la Constitution visant à limiter les pouvoirs de l'armée turque. Ses opposants voient à juste titre dans ce texte le désir d'Erdoğan d'islamiser le pays. Cette réforme ne vise pour eux qu'à permettre à l'État de contrôler la justice.

Le texte restreint les attributs de la justice militaire, de la Cour constitutionnelle et du Conseil supérieur de la magistrature, les deux instances judiciaires du pays nommant procureurs et juges. Erdoğan s'arroge à présent le droit de donner son aval ou de mettre son veto à ces nominations. Sa réforme prévoit en outre la dissolution des partis politiques sur ordre du Parlement, instance que lui-même dirige. Faisant fi de l'opposition, le Premier ministre affiche par cette décision un virage autoritaire, premier d'une longue série.

En 2011, les combats entre l'armée turque et ceux que le Premier ministre appelle maintenant les « rebelles kurdes » reprennent. La Turquie déplore vingt-quatre morts à la frontière irakienne, une poignée d'hommes qui donneront à Erdoğan le motif rêvé pour écraser ceux qui le contrent. Sans dissimulation, il ordonne l'arrestation de représentants politiques, d'universitaires, d'avocats, de journalistes et d'étudiants, au prétexte qu'ils s'intéressent au sort des Kurdes.

Erdoğan est désormais aux abois, en quête de tout ce qui pourrait le mettre en danger, lui ôter le pouvoir. Le coup d'État du 3 juillet 2013 en Égypte, sonnant la chute du président Mohamed Morsi, laisse à penser au leader de l'AKP, le Parti de la justice et du développement, qu'il lui faut asseoir un peu plus son omnipotence. Il redoute d'être le prochain homme politique victime d'un putsch, de fait, et se radicalise encore plus en affermissant ses positions vis-à-vis de ses opposants. Mais il n'en reste pas là. Il signe un pacte avec le diable… entendez l'islamisme.

Il lève l'interdiction du voile dans les administrations, la police, l'armée, et certaines instances gouvernementales dont le Parlement et plusieurs ministères. Il autorise aussi les jeunes femmes voilées à intégrer l'université, autorisation qui leur était jusqu'alors refusée. Quelques mois plus tard, il impose des restrictions sur les ventes d'alcool dans le pays. Officiellement, il s'agit de protéger les mineurs d'une supposée dérive et d'agir sur la santé publique, mais un discours suffit à trahir le véritable dessein d'Erdoğan, qui veut « une génération pieuse et pas de drogués ». Enfin, il assujettit l'armée. En résumé, il donne des gages à la frange la plus conservatrice du pays.

L'opposition tonne ; les pieds, par milliers, battent le pavé mais le nouvel Erdoğan n'en a cure. Aux mouvements de contestation il oppose la police turque, armée jusqu'aux dents et tirant à balles réelles sur les manifestants. Le mouvement s'essouffle à mesure qu'il enterre les siens.

Recep Tayyip Erdoğan est élu président de la Turquie en août 2014, une victoire raflée de justesse puisqu'il n'obtient que 52 % des voix. Une victoire dont on peut légitimement se demander de quelle façon elle est arrachée tant le pays est opprimé, ligoté. Toute forme d'opposition est jugulée, les médias Twitter et Youtube sont, à cette période, interdits dans le pays. La Turquie est isolée du reste du monde, dirigée par un homme désaxé.

Dorénavant, tous les discours religieux prononcés en Turquie sont d'abord rédigés et avalisés au ministère des Cultes, car il y a un ministère des Cultes, et les imams sont devenus fonctionnaires de l'État. Erdoğan a tout mis en œuvre pour que les islamistes règnent en maîtres absolus dans le pays. C'est avec le chef de la direction des Affaires religieuses qu'il décide, le soir du 15 juillet 2016, de la réponse à donner au putsch visant à le chasser du pouvoir. Erdoğan apparaît dans un message très médiatisé en FaceTime et c'est le chef de la direction des Affaires religieuses qui lance un appel aux 85 000 mosquées du pays, adjurant chaque fidèle de résister au coup d'État. L'exhortation est entendue : les jours qui suivent le putsch, les manifestations en faveur d'Erdoğan se multiplient et les symboles religieux sont brandis par milliers. La Turquie, ce jour-là, replace l'islam au cœur de son projet politique.

La conversion de la basilique Sainte-Sophie au culte musulman, le 24 juillet 2020, est un symbole qui incarne plus encore l'extrémisme d'Erdoğan. Les protestations du pape François et du Conseil œcuménique des Églises n'auront aucun impact. L'islamisation se poursuit à marche forcée.

Les images télévisées des années 1960, montrant de ravissantes jeunes femmes turques, cheveux au vent et jupes au-dessus du genou, sont reléguées aux oubliettes, enterrées. Erdoğan fait entrer son pays dans une récession intellectuelle dont il aura, même après son départ, bien du mal à se remettre. Avec la religion pour seule maîtresse, il lance la construction de la plus grande mosquée de Turquie en 2016. Le lieu fera 15 000 m² et sera garni de six minarets alors qu'il n'y en a habituellement qu'un. L'objectif du président turc est affiché : que cette mosquée soit vue de n'importe où à Istanbul, qu'elle soit le symbole de sa puissance, lui qui se rêve chef suprême de l'islam dans le monde.

À cette fin, il demande à son épouse de porter le voile, une première en Turquie mais aussi pour Mme Erdoğan, plus habituée à courir les magasins en vogue en quête de tenues à la pointe de la mode qu'à cacher ses attributs. Elle s'y soumet évidemment, même si elle se permet de s'afficher avec un sac Hermès à 44 507 euros. Le journaliste Ender Imrek, qui avait osé mentionner ce fait, est poursuivi par la justice turque pour « injure ». Dorénavant, elle regarde son mari brandir le Coran à chacun de ses meetings, sachant parfaitement que l'image qu'il vend à son peuple et au monde est composée, artificielle. Erdoğan n'est pas celui qu'il prétend être mais un opportuniste, un homme avide de pouvoir, prêt à signer un pacte diabolique pour conserver son commandement.

Alors il continue à radicaliser sa posture islamiste en s'attelant à démembrer la laïcité au sein de l'éducation. Dans les écoles publiques, l'enseignement religieux devient obligatoire, l'étude du Coran, non éludable. On bannit les fêtes et festivals estudiantins qui agrémentaient certaines périodes de l'année, remplacés sans autre option par des congrès et activités sur la vie du prophète Mahomet. En guise de lot, pour ceux qui gagnent à ce que l'on pourrait comparer à une kermesse, il y a des pèlerinages à La Mecque ou des cours plus approfondis donnés par des professeurs de religion, membres d'organisations islamistes.

De nombreux parents d'élèves se rebellent, Erdoğan leur répond en clamant publiquement à maintes reprises qu'il créera une génération de croyants. C'est donc tout naturellement qu'il raidit encore ses positions dans les mois qui suivent. En février 2019, le président, celui-là même qui prônait le respect des minorités religieuses en Turquie, prêche avec virulence contre les chrétiens. Ce constat est celui de l'Association turque des Églises protestantes dans son rapport annuel. Dans ce document, il est fait état de l'augmentation nette des attaques verbales contre les chrétiens protestants et de l'incitation à la haine dans les médias locaux, nationaux et réseaux sociaux turcs « uniquement à cause de [...] croyances ».

Le cas d'Andrew Brunson est pris en exemple. Pasteur américain envoyé en Turquie, il est arrêté pour soutien à des « organisations terroristes », puis condamné par la justice turque à trois ans et un mois de prison, peine muée en assignation à résidence avec interdiction de sortie du territoire. L'affaire fait un tel tollé aux États-Unis que ledit pasteur finit par être libéré et quitte la Turquie le jour même, le 12 octobre 2018. Il aura quand même passé deux années dans les geôles turques, à attendre son procès. Le cas de cet homme de foi n'est pas unique, les affaires de ce type sont monnaie courante depuis l'accession d'Erdoğan au pouvoir et les médias, à la botte du despote, relaient systématiquement et sans jamais vérifier ni sources ni propos les informations émanant directement du gouvernement.

Le rapport souligne également l'absence de probité des journalistes turcs, qui bafouent l'obligation de neutralité inhérente au métier, celle de la police turque aussi, qui piétine la loi gouvernementale sur la protection des données personnelles, puisque les affaires, personnalités et intimités des accusés sont données en pâture à la presse, donc au peuple. Le rapport en donne un autre exemple probant. Accusé par un journal national de soutenir une organisation terroriste pour s'être rendu dans une église dans la ville de Van, à l'est du pays, un chrétien a vu son nom et des informations sur son entreprise divulgués publiquement. Cela a eu pour effet de lui faire perdre de nombreux contrats commerciaux. Si ce cas apparaît comme étant clairement problématique pour l'intéressé, certains autres sont autrement plus graves.

Dans la foulée de l'affaire Brunson, plusieurs membres étrangers d'Églises protestantes résidant dans les grandes villes turques voient leur permis de séjour annulé, ce qui les oblige dans le meilleur des cas à quitter le pays dans les dix jours qui suivent. Pire, certains sont déportés. Où ? Impossible de le dire. La seule information vérifiée est qu'ils disparaissent alors de la surface du globe.

Ajoutons à cela d'autres décisions prises par le président Erdoğan : celle d'imposer des restrictions juridiques aux assemblées chrétiennes, celle aussi de ne pas reconnaître l'Association des Églises protestantes formée en 2009 comme l'organe institutionnel représentatif des protestants de Turquie. Dans ces conditions, il est impossible aux chrétiens d'établir des lieux de culte reconnus et d'organiser réunions ou séminaires. Cela oblige ces assemblées à se définir comme des associations, seule manière pour elles d'être dans la légalité et de ne risquer aucune arrestation de leurs membres. Erdoğan islamise donc son pays de cette façon, mais pas seulement. Car l'imagination et la paranoïa de l'homme sont sans limites.

Les sociétés militaires privées sont connues, en particulier au Moyen-Orient où elles sont engagées en renfort par les pays dans le but de régler tensions, voire conflits dans la région. Chaque grande puissance, bien que ce ne soit pas toujours officiel, a la sienne. Erdoğan ne fait pas exception. À ses ordres, il y a la société militaire privée Sadat, garde prétorienne. Le groupe a été créé et officiellement enregistré en février 2012, à la demande du président turc, par le général Adnan Tanrıverdi. Sa mission : former des « armées de la nation musulmane qui ne dépendraient pas de l'Occident, de l'Otan ». Initialement composé d'une vingtaine d'officiers et sous-officiers à la retraite, il est aujourd'hui constitué de 150 000 membres.

Cette milice, comme celles des autres pays, n'a donc rien de véritablement officieux, à ceci près : ses privilèges et passe-droits sont supérieurs à ceux de l'armée régulière turque. Entendez qu'elle bénéficie d'une absolue immunité pour ses mercenaires… islamistes. Cela n'est pas une projection de ma part, il suffit pour le vérifier d'aller sur le site internet de la milice Sadat : « Le but est d'établir une collaboration dans les domaines de la défense et des industries de défense avec les pays islamiques afin de permettre à ces derniers de prendre la place qu'ils méritent au milieu des superpuissances en leur apportant ses services de conseil et d'entraînement », dit-elle.

On peut également lire les qualificatifs employés pour caractériser les pays occidentaux, nommés pays de « croisés » ou encore « impérialistes » – des termes qui ne cachent pas plus leur haine de l'Occident que le général Adnan Tanrıverdi, homme fort et de confiance d'Erdoğan. Les deux individus se connaissent depuis 1994, alors que le président n'était encore que maire d'Istanbul. Tanrıverdi était un des généraux de l'armée turque, mais pas n'importe lequel : le plus islamiste d'entre eux. Cela lui coûte d'ailleurs sa place en 1997, quand les anti renversent le premier gouvernement islamiste de Turquie moderne conduit par Necmettin Erbakan, alors mentor d'Erdoğan.

Ce général n'a jamais caché ses positions. L'année de son limogeage, il prononce un discours dans lequel il martèle que Sadat ouvrira la voie au « retour du Mahdi », visage de l'islamisme destiné selon les fidèles à dominer l'humanité.

Recep Tayyip Erdoğan accède au pouvoir en 2002 et prend la décision immédiate de rétablir Tanrıverdi dans ses fonctions ; il le fait même bénéficier d'une promotion en le nommant conseiller militaire particulier en août 2016, avant d'en faire le chef de sa garde présidentielle officieuse.

Tanrıverdi participe souvent aux réunions de sécurité du pays, à côté du directeur des services spéciaux turcs, le MIT. Cela fait de lui la personnalité la plus crainte du territoire. C'est lui qui fait la liaison entre les intervenants sur les dossiers stratégiques turcs et qui unit Erdoğan aux Frères musulmans. Lui encore qui lance ses hommes sur les meneurs du putsch du 15 juillet 2016, les autorisant à tuer « à la mode islamiste », entendez en égorgeant hommes et femmes à même le pavé. Des dizaines de Turcs perdent la vie cette nuit-là, de cette façon-là, dans les rues d'Istanbul notamment. Homme fort à l'intérieur du pays, mais pas seulement.

Sadat est présente dans une vingtaine de pays musulmans, envoyant des milliers de ses soldats, islamistes forcément, vers ce qu'ils pensent être des places stratégiques, au nom de la défense des musulmans, sinon pour « secourir les Frères musulmans », dit-elle. La Syrie et l'Égypte, entre autres, reçoivent des kyrielles de ces « combattants », quand Sadat ne forme pas directement des soldats sur des sols étrangers. Ainsi, on sait que la milice a dressé et composé de très nombreux groupes islamistes contre le régime en Syrie.

Dans un rapport du gouvernement américain publié en août 2020, des généraux du Commandement Afrique du Pentagone affirment que Sadat supervise, en Libye, 5 000 mercenaires syriens dont de nombreux « extrémistes ayant eu des liens avec des groupes terroristes » comme Daesh et Al-Qaïda. Le rapport dénonce aussi des « crimes de guerre » commis par les mercenaires recrutés et des viols de masse.

Sadat est également présente en Palestine, surtout à Gaza. Elle apporte en outre son soutien au mouvement terroriste Hamas, organisation bénéficiant d'un appui officiel du président Erdoğan, puisqu'il a ouvert son pays aux cadres du mouvement. Dans des écrits officiels, la milice qualifie Israël d'« avant-poste de la vingt-septième croisade » ou encore de « dague au cœur de l'islam » – des sentiments que Tanrıverdi partage avec Erdoğan, puisque jamais le président ne désavoue son chef de la police secrète, ni quand il appelle à la création d'une « armée de l'islam internationale », qu'il rêve composée de « volontaires » du djihad contre l'État hébreu, ni quand il parle du peuple juif en le qualifiant d'« ennemi de l'islam ». L'objectif pour Tanrıverdi est posé, transparent : détruire Israël.

Comment compte-t-il s'y prendre ? En convertissant un maximum de laïcs turcs à l'islamisme.

« La Turquie a besoin de dizaines, voire de centaines d'entreprises comme Sadat, afin de garantir la sécurité, la prospérité et la survie des nations islamiques », se plaît-il à clamer dès qu'il est interrogé sur le sujet de la laïcité. Laïcité qui, si Erdoğan reste au pouvoir, pourrait bien disparaître…

… à moins que l'homme, aveuglé, ne joue finalement contre lui. « Nous allons former une génération pieuse », déclare en 2012 celui qui deviendra d'ici peu président d'une République laïque depuis 1923. Cette République, il n'a eu de cesse, depuis son accession au pouvoir, de la matraquer, mais il n'a visiblement pas réussi à la terrasser. Selon l'institut de sondages turc Konda, une étude datant de 2021 prévient que la jeunesse du pays devient de plus en plus laïque. Seuls 58 % des jeunes observent le jeûne du ramadan contre 74 % dix ans plus tôt ; 50 % des jeunes filles portent le voile, contre 57 % pour la décennie précédente.

Il y a une raison simple pour expliquer ces chiffres. Les jeunes sont de plus en plus connectés, tournés vers le monde, au grand désespoir du tyran Erdoğan. De fait, ils savent aujourd'hui qu'ailleurs, « air » rimerait évidemment avec « meilleur ». La Turquie est l'un des pays comptant la plus importante population jeune au monde, avec près de 13 millions de citoyens âgés de 15 à 24 ans. Un sondage, réalisé par la Fondation pour la social-démocratie (Sodev) en 2020, a établi que 62,5 % d'entre eux vivraient à l'étranger si le choix se présentait…

3

Sur le massacre des Kurdes : coupable !

« Pour que le mal triomphe, seule suffit l'inaction des hommes de bien. »

Edmund Burke

Vingt millions de Kurdes vivent en Turquie, 12 millions en Iran, 8,5 millions en Irak et 3,6 millions en Syrie.

Additionnez ces chiffres et vous aurez la totalité du peuple kurde : un peu plus de 44 millions, exceptions faites des quelques centaines de milliers vivant dans le reste du monde, en diaspora, notamment en Europe. Les zones qu'ils occupent forment ce que l'on appelle le Kurdistan, sauf que ces terres sont à cheval sur des frontières et que les dirigeants des pays qui les « accueillent » n'ont jamais voulu d'eux. De fait, les Kurdes sont sans nation, apatrides, rejetés de toutes parts.

La création d'un État kurde date, si l'on peut dire, de Mathusalem. C'est l'histoire d'une promesse qui ne fut jamais tenue. La conférence de Paris se déroule en 1919. Les pays vainqueurs de la Première Guerre mondiale se réunissent pour négocier les traités de paix entre les alliés et les vaincus. Il est proposé que le Kurdistan soit le pays des Kurdes et qu'il couvre quelques territoires de la Turquie, de l'Iran et d'autres en Irak et en Syrie. Mais personne ne signe quoi que ce soit, on doit officiellement se revoir. Les Kurdes, grands perdants de ces discussions, repartent sans terre.

L'année suivante, en 1920, de nouvelles frontières, plus étroites, sont proposées lors du traité de Sèvres, pacte qui décide la création d'un État kurde et d'un État arménien dans le cadre établi par le président américain Woodrow Wilson. Tout le monde semble d'accord, le texte est signé, mais ne sera jamais ratifié ni appliqué.

Vingt-cinq ans plus tard, en 1945, la première conférence des Nations unies se rassemble à San Francisco. Un nouveau tracé, couvrant une partie plus importante de la Turquie, est envisagé, cette fois sérieusement, dit-on. La majorité des voix acquiesce, mais rien ne se passe ensuite.

En 1978, Abdullah Öcalan fonde le Parti des travailleurs du Kurdistan, le PKK, union du nationalisme kurde et du marxisme-léninisme. Le but de cette formation est de faire entendre le droit de son peuple. Droit ? Un mot qu'aucun des quatre pays dans lesquels les Kurdes vivent ne paraît connaître, du moins lorsque l'on parle des Kurdes.

La Turquie est, de ces quatre pays, sans doute le plus coupable. Car la haine de ses présidents à l'égard de ce peuple est sans limites, et celle du président actuel, plus féroce encore que celle de ses prédécesseurs. Mais plantons le décor avant d'expliquer pourquoi cette minorité a plus à craindre aujourd'hui de Recep Tayyip Erdoğan que d'aucun autre.

Les Kurdes subissent la répression du régime turc dès 1923, année de la naissance de la République turque. Le régime remplaçant l'Empire ottoman ne veut déjà pas de cette minorité et écrase la moindre révolte dans le sang. Impossible de connaître le nombre de morts à cette époque, nous ne sommes pas encore à l'ère d'Internet.

En 1986, les droits des Kurdes sont une nouvelle fois bafoués. Une loi sur le cinéma, adoptée cette année-là, interdit toute forme de « propagande séparatiste » et tout ce qui lui est assimilé. Évoquer les actions répressives et les exactions de l'armée turque dans le cadre du conflit kurde est proscrit. Le silence imposé ici sur toutes les exactions commises par le régime turc sur ce peuple empêche encore de donner des chiffres.

Au début de la décennie 1990, le gouvernement turc lance des opérations offensives d'envergure jusqu'en Irak contre le PKK, mais à l'abri des regards, et tout en reconnaissant finalement en parallèle l'identité kurde, du moins officiellement, pour les autres puissances internationales. La Turquie promet aussi un investissement économique dans la région et offre même aux Kurdes la possibilité de s'organiser politiquement légalement. De la poudre aux yeux… car le monde découvre finalement cette vaste opération de destruction des populations kurdes lancée en 1992, qui détruira 4 000 villages kurdes, entraînera l'exode des populations rurales vers les grandes villes, ainsi qu'une forte émigration en Europe.

Au milieu des années 1990, le PKK décide de baisser les armes, de trouver une voie diplomatique avec la Turquie. À l'origine de ce choix, le sentiment que la guérilla ne pourra écraser l'armée turque. Abdullah Öcalan, le leader du Parti des travailleurs du Kurdistan, affirme en 1997 : « Si le gouvernement turc se déclare sérieusement prêt à négocier, nous sommes prêts à proclamer le cessez-le-feu et à ouvrir des négociations. » Deux ans plus tard, le 15 février 1999, il est capturé à Nairobi. Son arrestation permet d'établir un cessez-le-feu, mais il est on ne peut plus précaire, car l'homme qui prendra d'ici peu les commandes de la Turquie est Recep Tayyip Erdoğan. Décidé à régner d'une main de fer sur la Turquie, il n'aura aucune pitié pour étouffer toute forme de dissidence.

Nul ne trouve grâce à ses yeux dès lors qu'il est kurde. Ni les enseignants, ni leurs étudiants, ni les hommes de foi, ni les intellectuels. Leur tort n'est autre que d'être kurdes, un tort qui les mène en prison, à l'image de l'écrivain Yaşar Kemal, condamné à vingt mois d'incarcération en 1996 pour des écrits sur les droits du peuple kurde que le gouvernement qualifie de « subversifs ».

Les hostilités s'intensifient lorsqu'Erdoğan devient Premier ministre. Ayant maintenant quasiment tous les pouvoirs, il fait bombarder les bases du PKK jusqu'en Irak dès 2004, arguant que 2 000 combattants du PKK en exil viennent de franchir la frontière, alors que l'organisation a alors depuis longtemps été mise en sommeil.

Sur le sol turc, le chef du gouvernement intime à sa police d'accuser et d'arrêter à foison ; à sa justice, de faire des procès expéditifs ; à ses hommes, en un mot, d'épurer. À ce stade, nous ne parlons plus de guerre, mais de génocide. Un génocide qui ne peut que rappeler celui commis contre les Arméniens entre avril 1915 et juillet 1916 - en réalité 1923 - massacre perpétré pour les mêmes raisons que celui commis contre les Kurdes, qui ne sera jamais reconnu par le despotique Erdoğan... Pire : il est encore aujourd'hui, malgré les documents accablants, farouchement nié par la Turquie.

Le PKK, dès les premières attaques lancées par Ankara, reprend son nom, et les armes. Les combats, de forces inégales, perdurent jusqu'au 21 mars 2013. À cette date, le chef du PKK, Abdullah Öcalan, qui purge une peine de détention à vie dans la prison d'Imralı, appelle à la signature d'un nouveau cessez-le-feu avec la Turquie à l'occasion des célébrations du Newroz. Dans ce discours historique, il déclare : « Cette lutte qui a commencé avec ma révolte personnelle contre le désespoir dans lequel nous étions plongés, contre l'ignorance et l'esclavage, visait à développer une connaissance, une compréhension et un certain esprit. Je vois aujourd'hui que ce cri est parvenu à un certain point. Notre combat n'a jamais été dirigé contre une quelconque race, une quelconque religion ou un quelconque groupe social. Notre combat a toujours été une lutte contre l'oppression, l'ignorance et l'injustice. Aujourd'hui, nous nous éveillons à une nouvelle

Turquie, un nouveau Moyen-Orient et un nouvel avenir [...]. La phase de lutte armée laisse la place à la phase de la politique démocratique. Commence une conception fondée sur l'égalité, les droits et les libertés. »

Ce discours, empreint de sagesse et prônant l'ouverture de négociations, n'a aucun écho chez celui qui est devenu président de la Turquie. Le 14 octobre 2014, soit exactement quarante-quatre jours après son accession aux plus hautes fonctions, Recep Tayyip Erdoğan lance des raids aériens sur des objectifs du Parti des travailleurs du Kurdistan, dans le sud-est du pays, à la frontière avec l'Irak. Le président justifie sa frappe, alléguant une réponse au PKK, qui aurait lui-même attaqué un poste militaire avancé dans la région, mais ces informations émanent d'un site d'informations turc...

L'un des nombreux médias à la botte d'Erdoğan, écrivant abondamment sur le courage de l'armée du pays, faisant allègrement l'impasse sur les massacres perpétrés par l'aviation turque qui, en bombardant notamment des villages du mont Kandil en Irak, sous prétexte de bases PKK, exécute en réalité des civils par dizaines.

La résistance s'organise alors à nouveau côté kurde, ignorant encore que la violence à son endroit va croître de façon exponentielle. Dans de nombreuses villes du Sud-Est, à Diyarbakır, la grande cité kurde, les Kurdes parviennent à empêcher la police, la gendarmerie et les forces armées d'entrer. À Cizre, la minorité proclame l'autonomie de la ville, provoquant la fureur du pouvoir. La violence passe des heurts aux arrestations, aux destructions de maisons, et fait bientôt des morts et des disparus. Le bâtonnier de Diyarbakır est assassiné en pleine rue, des militants sont déportés vers on ne sait où. Un couvre-feu est imposé à ceux qui ont encore le droit de vivre dans cette zone, ressemblant à un champ de mines, à un terrain de massacres incessants, de jour comme de nuit, sous les yeux des enfants.

La haine et la folie atteignent de part et d'autre leur paroxysme. Le 20 juillet 2015, l'attentat antikurde de Suruç, une ville-frontière turque, est attribué à un kamikaze de l'État islamique (EI). Il fait trente-deux morts dans la Fédération des associations de jeunes socialistes, venus pour participer à la reconstruction de la ville-frontière syrienne jumelle de Kobané. Le lendemain, des manifestants marchent dans plusieurs villes de Turquie pour dénoncer l'attentat, mais surtout pour pointer du doigt le gouvernement turc, l'accuser de complicité avec l'EI.

Le 22 juillet, à Ceylanpınar, deux policiers turcs sont retrouvés morts dans un immeuble. Ils ont été abattus, chacun d'une balle dans la tête. Le PKK revendique les meurtres, il a voulu venger les militants tués à Suruç en menant une « action punitive » contre deux policiers « qui coopéraient avec le gang de Daesh », dit-il.

Le 23 juillet, pour la première fois, des affrontements entre l'armée turque et l'État islamique éclatent sur la frontière près de la ville de Kilis. La nuit suivante, la Turquie déploie son armée de l'air. Des chasseurs F-16 frappent des positions de l'EI en Syrie, dans le village de Havar, faisant neuf morts dans les rangs djihadistes, selon l'Observatoire syrien des droits de l'homme (OSDH).

Le 24 juillet, la police turque annonce qu'elle va lancer ce même jour une vaste opération antiterroriste dans treize provinces du pays. Trois jours plus tard, elle annonce l'arrestation de 590 personnes liées à l'EI. Sauf qu'il ne s'agit pas uniquement de membres de l'organisation terroriste. Parmi ces hommes, certains sont des militants du PKK, ce qu'Erdoğan se garde de dire. Il restera également silencieux sur les raids menés par ses avions dans la nuit du 24 au 25, contre l'EI dans les environs de Jerablus, mais aussi et peut-être même surtout au Kurdistan irakien, contre sept camps du PKK dans lesquels des Kurdes sont installés pour affronter les djihadistes.

Erdoğan profite d'une guerre prétendument menée contre les islamistes pour en réalité mettre à terre cette minorité kurde qu'il rejette du plus profond de ses entrailles. La branche militaire du PPK annonce le jour même : « Les conditions de maintien du cessez-le-feu ont été rompues. Face à ces agressions, nous avons le droit de nous défendre. » Sauf que ce combat est celui de David contre Goliath. Mais, cette fois, David ne gagnera pas, et attisera même la colère d'Erdoğan.

Le 17 août 2015, dans la ville turque de Varto, une combattante kurde est exécutée par la police turque. Elle est ensuite déshabillée et photographiée par ces mêmes agents, cliché offert à la vue de tous. Le même week-end, ils abattent deux civils kurdes, sans autre motivation que la cruauté, gratuite, décomplexée.

Le 3 octobre, à Şırnak, autre ville turque, un homme est à nouveau tué. Son corps est attaché et traîné derrière un véhicule de police. C'est un civil. Il devient le symbole de l'impunité turque, mais aussi de la puissance démoniaque d'Erdoğan, acquise, que ce soit écrit, avec l'aval des chancelleries occidentales. La Turquie est membre de l'Otan mais nul autre pays appartenant à l'organisation ne s'indigne. Rien n'est refusé ni même reproché à l'allié, le monde ferme les yeux.

Un monde qui n'entend pas non plus les vœux du président turc le 31 décembre de cette même année. Il déclare pourtant vouloir « nettoyer » son pays des rebelles du PKK, se vante d'en avoir « éliminé » plus de 3 000 en 2015. « La république de Turquie a l'occasion et la détermination de vaincre l'organisation terroriste séparatiste. Nos forces de sécurité nettoient chaque centimètre des montagnes et les villes des terroristes et vont continuer à le faire », lance-t-il dans son allocution télévisée. Mais si celle-ci glace le sang, elle n'est rien à côté de celle du Premier ministre, Ahmet Davutoğlu, déclamée dans la foulée de celle du président : « Les terroristes seront éliminés [...] quartier par quartier, maison par maison, rue par rue. »

Le 24 juin 2016, Erdoğan franchit un nouveau cap, faisant voter à son Parlement une exemption de poursuites judiciaires pour les membres de ses forces armées, et ce pour l'ensemble des actes commis dans le cadre des opérations militaires au Kurdistan turc. Cela lui permettra, les années suivantes, de continuer à massacrer en toute liberté. La communauté internationale doit, ce jour d'été, être en train de faire une sieste, puisqu'aucune voix ne déchire le silence, nul pays ne se fait entendre.

Mais Erdoğan s'attaque aussi à une force parlementaire kurde, le HDP (Parti démocratique des peuples), qui a des députés à la Grande Assemblée nationale turque. Le coprésident de cette organisation, Selahettin Demirtaş, a été condamné à trois ans et six mois de prison pour « insulte au président » dans un discours prononcé en 2015. En 2021, le dirigeant kurde a de nouveau été incarcéré pour des propos « menaçants » à l'encontre d'un procureur. Il est condamné à deux ans et demi de prison. Dans un autre procès, le parquet réclame contre lui cent quarante-deux ans de prison pour « terrorisme ». Aparté fermé, pour revenir aux instances internationales, aux pays du reste du monde, qui laissent Erdoğan agir sans jamais le punir.

En 2011 pourtant, lorsque le président libyen Mouammar Kadhafi avait lancé des menaces analogues, l'Occident avait, en une fraction de seconde, mis au point une offensive militaire contre Tripoli. Ce ne sera jamais le cas contre Ankara. Année après année, et aujourd'hui encore, Erdoğan massacre les Kurdes.

4

Sur le génocide passé et présent des Arméniens : coupable !

« Dans les villages de Mousch attaqués par la soldatesque turque, on a enlevé des centaines de jeunes filles ; on a sabré et écrasé, sous les sabots des chevaux, des enfants et des femmes enceintes.

L'Ardzagang de Tiflis apprend que le nombre des Arméniens, vieillards, femmes et enfants qui ont été massacrés à coups de sabre et de baïonnette dans les onze villages de Chadakh (Sassoun) s'élève à 750. Les Sassouniotes qui, retirés sur le mont Andok, avaient bravement combattu pendant dix-neuf jours, se sont rendus à l'ennemi, trompés par une proclamation de Zéki Pacha leur promettant une amnistie générale ; mais les barbares ont violé les femmes et affamé et torturé pendant trois jours soixante jeunes Arméniens, après quoi ils ont passé ces derniers au fil de l'épée et jeté dans un puits leurs cadavres.

Les villages de Chénik, de Sémal et de Gleïgouzan ont été réduits en cendres, en même temps que quatre églises et trente-trois autres villages ont été saccagés et détruits. Les Turcs aveuglent le prêtre Ohannès de Sémal et le forcent à danser ; il le fait, en chantant le psaume *Ma personne, bénis le Seigneur*, après quoi, ses bourreaux le coupent en morceaux avec leurs épées. Le prêtre Donabed de Chénik est également tué avec ses cinq compagnons et le maire du village, Grgo Movsessian. Le prêtre Bédros de Gleïgouzan [...] est fait prisonnier ; on lui écorche le tronc, après quoi on arrache à cette partie de son corps un morceau de chair qu'on fait rôtir à la broche et qu'on mange avec délice sous ses yeux ; Bédros meurt en quelques minutes en vrai stoïcien.

Khtcho, maire d'Aghpi, son frère Hébo et leurs fils, le prêtre Gabriel Pourkh et l'archimandrite Vartan Der Mgrdtcliian d'Ischkhentzor sont tués avec 5 670 montagnards arméniens, sans compter les blessés, dont le nombre dépasse 1 000, ni les prisonniers, 250 environ (avec l'héroïque Mourad-Hampartzoum et ses neuf compagnons d'armes, parmi lesquels s'est distingué le prêtre Mgrditch). »

Cette lettre a été envoyée en 1895 du Sassoun, ville située au cœur de l'Arménie, par un homme ou une femme, on l'ignore. Elle est aujourd'hui lisible dans les archives de la Bibliothèque nationale de France, preuve du massacre dont les Arméniens furent l'objet au XIXe siècle déjà. Ou plus exactement, « encore ». Car la destruction de ce peuple par les Turcs a commencé bien longtemps auparavant.

Le 10 novembre 1878, la congrégation du couvent Innagnian de Mouch (ville arménienne à l'époque, turque aujourd'hui) envoie un rapport au Patriarcat arménien sur les actes d'oppression commis dans son district. Voilà ce qui est écrit, en substance : « Les Arméniens de Mouch […] parlent de chrétiens massacrés, de femmes et de filles violées, de couvents et d'églises saccagés, de villages dévastés, de toutes sortes d'oppressions commises par les Kurdes, aussi bien que par les zaptiés, les soldats irréguliers, les percepteurs, les beys, les citadins turcs de toute influence, les caïmacams, les mudirs, les membres du Conseil de l'administration locale et leurs parents ou amis, etc. Ces crimes restent impunis, et la malheureuse population arménienne ne peut même pas protester contre ces actes, sûre qu'elle est que ses oppresseurs seront absous comme toujours et qu'elle s'attirera leur vengeance. »

Le 20 novembre 1894, l'agence de presse Reuters imprime le récit de fugitifs arméniens vers la Grèce. « Ceux des réfugiés qui sont venus de Dalvorig m'ont informé que plusieurs femmes, qui avaient pris la fuite avec eux, sont mortes près d'Erzeroum, ayant succombé aux blessures de sabre qu'elles avaient reçues avant leur fuite », peut-on lire. « Beaucoup de ces fugitifs ont été arrêtés par les troupes turques et jetés en prison », est-il ajouté. Car la plupart des villages habités par les Arméniens sont assiégés, quand ils ne sont pas totalement détruits. C'est le cas de Varténis, petite localité montagneuse, dont la population est finalement réduite en cendres. Le village comptait 325 familles arméniennes. Son voisin, Dalvorig, subit le même traitement, rasé en moins de temps qu'il n'en faut pour lire ces lignes. La haine se propage à la vitesse d'une balle dans tous les bourgs alentour. Dans celui de Sémal, le prêtre arménien est arraché à son église, attaché à un âne, les deux sont fusillés. Les soldats pénètrent dans une maison arménienne, violent mère et fille, une enfant de 14 ans, et les abattent. Huit autres femmes sont envoyées dans un harem en Turquie.

Dans le village de Kélicuzen, les soldats torturent un couple avec « du fer rouge », avant de les assassiner. Le prêtre du village et vingt autres personnes sont brûlés vifs.

Le chef du village de Chénig est plongé avec ses deux filles dans de l'eau bouillante jusqu'à ce qu'ils trouvent la mort.

« Des horreurs sans nom ont été perpétrées dans le village de Sebghant par vingt-cinq soldats appartenant à la cavalerie régulière. Ils ont violé les filles dans l'école du village et démoli ensuite l'édifice », relate encore l'agence de presse, qui achève son récit par un dernier exemple, celui du village de Djibran. Un colonel de l'armée et ses soldats réunissent les habitants, chassent les hommes, violent ensuite les femmes sous le regard des enfants et les tuent tous « en les fusillant ou en les sabrant », avant de se « régaler alors de vin » pour « fêter leur butin ».

Des histoires comme celles de ces villages arméniens, il y en a des dizaines en 1893 et 1894. Dans les années qui suivent aussi, les Arméniens subissent les foudres du régime turc, car ils ont osé se révolter. Du 30 septembre au 28 décembre 1895, les manifestations d'Arméniens se succèdent à Constantinople. Elles seront suivies de nombreux massacres, tous plus sanglants les uns que les autres, faisant 300 000 morts dans les rangs arméniens, auxquels on peut ajouter 150 000 conversions environ, forcées évidemment.

La tuerie de Trébizonde est un exemple parmi tant d'autres. Le 8 octobre 1895 à midi, des Turcs armés, des brigands et des soldats envahissent la ville et tuent tout Arménien identifié. Nul n'est épargné, ni l'âge ni le sexe ne sont pris en considération. Les Arméniens sont noyés, tués à coups de pierre ou déchiquetés : 920 êtres périssent dans une douleur indescriptible. Ceux qui ont réussi à s'échapper ou à se cacher, une poignée, perdent la raison. Capturés, ils finiront devant une cour martiale bâtie pour l'occasion, cour qui décidera de les tuer en les torturant.

Assoiffés de sang, les Turcs envahissent maintenant les villages entourant Trébizonde. Ceux de Véranas, d'Anifa, de Grobi, d'Abion, de Surméné, de Gadra, de Zéfanos, de Sifder, de Groméla, de Sgavidas, de Mayéra, d'Altchakdéré et de Makhtila sont assaillis. Les églises sont pillées avant d'être démolies, les prêtres assassinés. Les habitants arméniens des villages d'Altchakdéré, de Makhtila, de Groméla et de Kertanatz sont, eux, convertis de force à l'islam, ce qui n'évite pas à leurs femmes de subir les derniers crimes.

Le 9 octobre à Erzinghian, on butine les huit monastères du diocèse, on démolit les sanctuaires et on égorge le prêtre Ghévont et l'un de ses fidèles, réfugié dans le couvent. Les desservants des églises arméniennes des villages de

Khentzorik et de Caratasli, deux enfants aussi, sont assassinés. Dans le village de Resouan, les Turcs massacrent trente personnes qui s'y étaient cachées, dont de nombreux enfants.

Dans le village de Meghvetzik, les survivants sont convertis, les prêtres Kévork Yézéguiélian et Constantin Erhamdjian arrêtés en même temps qu'une cinquantaine d'Arméniens et jetés au fond de cachots dans lesquels ils subissent chaque jour des outrages inimaginables.

Le 12 octobre 1895, dans le vilayet (province de l'Empire ottoman) d'Adana, les Arméniennes qui s'étaient réfugiées dans les villages grecs des environs sont retrouvées, violées puis enlevées. Le 15 et le 18 octobre, dans le bourg de Tamzara, les Turcs saccagent et rapinent l'église de Sourp-Takavor et le couvent de Sourp-Kévork. Les autels sont démolis, souillés de déjections, de même que les images des saints. Deux prêtres sont décapités à coups de hache. Deux instituteurs sont attachés à l'école communale. La jeunesse de la localité est entièrement massacrée, les écoliers tués à l'épée, les jeunes filles profanées. À Purk, village voisin, l'église et l'école sont incendiées, le prêtre Aharon et ses desservants assassinés. À Bousséyid, le prêtre Madthéos est décapité en place publique. Les soldats turcs placent ensuite sa tête sous ses fesses et obligent les enfants à fouetter son cadavre.

Le 16 octobre, les Turcs entrent dans les villages d'Anerghi et de Bousséyid et tuent tous les enfants en bas âge, sur les genoux de leurs mères. Le même jour, ils incendient l'église d'Endirès, située dans le district de Sou-Chehri, là où les vieillards, les femmes et les enfants se sont réfugiés. Tous sont la proie du feu. Les jeunes Arméniennes du hameau de Koul-Hissar sont, elles, converties puis mariées de force à des Turcs. Le même jour et le lendemain, l'église du Grand Armedan est ravagée, pillée, le prêtre Hagop, fusillé ; le prêtre Krikoris qui officiait dans l'église du Petit Armedan est égorgé.

La soldatesque turque envahit ensuite le vilayet d'Erzeroum. Le 18 octobre 1895, le prêtre desservant l'une des églises arméniennes de cette ville est tué dans sa maison, son corps disparaît, sans doute dans un brasier. Celui de Yéghia, qui officie à Tevnik habituellement, se trouve à Erzeroum ce jour-là. Il avait rendez-vous dans le palais du gouvernement, accompagné de huit autres Arméniens, en vue d'un procès auquel ils doivent participer. Tous sont assassinés à peine arrivés. L'église du village de Topal-Tchaousch, après avoir été pillée, est souillée d'immondices.

Les églises des villages d'Oumdoum et de Kak sont incendiées, et leurs desservants massacrés.

Dans le district de Passen, le couvent est également dévalisé avant d'être incendié. Le supérieur, l'archimandrite Dimothéos, et six membres de la congrégation sont exterminés. Dans le district de Tertchan, les Arméniens ayant échappé à l'égorgement sont forcés de se convertir à l'islam et circoncis sur-le-champ.

Dans la ville de Baïbourt, les jeunes filles sont enlevées, celles, du moins, qui préfèrent ce funeste sort à la mort. Celles qui ne s'y plient pas sont brûlées vives. Quatorze Arméniennes meurent dans les flammes. La plupart sont mères de nourrissons, eux aussi immolés vifs. Une femme enceinte est éventrée, on dépèce l'enfant que l'on arrache de ses entrailles.

Dans le village de Ksanta, les prêtres Ohannès et Haroutioun sont eux aussi assassinés, leur église est convertie en mosquée. Le peuple tombe comme la pluie en automne, 400 personnes au total. Le village de Ksanta, celui de Lessonk sont jonchés de morceaux de corps de femmes, dépecées. Elles sont plus de cent. Une cinquantaine d'autres choisissent de se suicider en se jetant dans les puits du village.

Les églises des bourgs de Plour, Plourak, Buchdi, Sourp-Toros, Nik et Balakhor sont converties en mosquées. Les prêtres Magar et Krikor et un autre encore sont tués, trois autres disparaissent. La population est convertie à l'islam, de même que les habitants de Varzahan, de Karavirak, de Tchakmak, d'Avérek, de Copous, d'Osdegh et de Vérin-Kerzi. Ceux du bourg de Plour aussi, mais les Turcs voient sûrement dans leurs yeux qu'aucun d'eux, malgré les apparences, ne se soumet réellement. Ils leur tirent dessus, les traînent dans l'église devenue mosquée, les coiffent de turbans et les forcent à prier selon le culte mahométan. Dans le district de Keghi, le prêtre Khat est assassiné, les vingt-deux églises et deux couvents sont pillés.

Le 27 octobre, les Arméniens d'Eghin, de Lidjk, de Narver et d'Azni sont « invités » à se convertir. C'est la même chose pour les habitants des quatorze villages du canton d'Eghin, islamisés et circoncis dans leurs églises devenues mosquées. Les autorités du canton les forcent à affirmer sous signature qu'ils se sont soumis volontairement, et à changer de nom pour en adopter un musulman. Il est aussi exigé qu'ils se marient avec des Turcs.

Le 4 novembre, à Divrik, les églises arméniennes de Sourp-Asdvadzadzin et de Yerrortoutioun sont saccagées, puis incendiées, le pasteur Bédros est assassiné, les filles et femmes sont outragées. Ceux qui refusent d'abjurer leur foi sont évidemment tués, tout comme dans les villages voisins. À Gurassin, les prêtres Sarkis et Mikaël sont assassinés. Le desservant de l'église du village d'Armoudagh, également. À Zimara et à Gasma, on transmue les églises en mosquées, on foule aux pieds le saint sacrement. Quelque 650 chrétiens épousent le dogme musulman contre leur gré. Coiffés de turbans, ils sont forcés de se rendre cinq fois par jour à la mosquée pour prier. Ceux qui meurent sont enterrés dans les cimetières musulmans, non pour les derniers sacrements, mais pour les derniers outrages.

Le 5 janvier 1896, c'est la région de Cilicie qui est ciblée. La ville de Marsch est la première à être assiégée. Le nombre de victimes est évalué à 2 500. Autour, celles, plus petites, de Payas et de Goguisson, habitées d'âmes terrifiées, sont également frappées. Les attaques ont lieu de nuit ; les Arméniens, désarmés dès l'invasion, ne peuvent prétendre à aucune défense. Et ils savent que les villages environnants ont été décimés. Ils savent aussi que les femmes et filles sont violées, que d'autres sont envoyées dans des harems turcs. Ils savent que rien ne leur sera laissé pour se nourrir si jamais ils en réchappent, car les soldats turcs raflent tout sur leur passage. S'ils ne meurent pas sous les balles, ils périront, pour sûr, de faim ou de froid.

Je ne citerai pas tous les villages de cette région, autrefois part du royaume d'Arménie, aujourd'hui turque. Sachez simplement que tous ou presque ont été le théâtre de scènes d'horreur indicibles, mais qu'ils ont aussi laissé voir le courage d'un peuple. Début novembre, alors qu'un homme de foi, Mgr Izmirlian, envoie un télégramme recommandant le calme à la population de Zeitoun, 500 soldats turcs attaquent le village d'Alabasch, sans se douter que ces Arméniens ont décidé de leur résister. Ceux-ci encerclent la caserne du village, dans laquelle nombre de soldats turcs sont regroupés. Après soixante heures de résistance, les officiers se rendent avec armes et munitions.

Nous sommes en 1896 à présent, le 27 août, à Constantinople. Face au massacre des populations, le nationalisme arménien prend un caractère de plus en plus révolutionnaire. De nouvelles tueries prennent corps à Mouch, à Van et à Killis, mais le parti Dachnak, la Fédération révolutionnaire arménienne, si vous préférez, est décidée à affronter son ennemi turc, de toutes les façons possibles. Le mouvement, que l'on peut qualifier de socialiste, prépare une action spectaculaire. Le 26 août, veille de date macabre, vingt-six membres de Dachnak emmenés par Babken Siuni et Armen Garo s'emparent de la Banque ottomane, à Constantinople, après avoir tué les sentinelles de garde. Cet établissement bancaire n'est pas pris au hasard, il est le premier financier d'Orient. Ce que veulent les membres de Dachnak, c'est que les pays occidentaux les voient, qu'ainsi, ils réagissent, enfin. Et c'est ce qu'ils obtiennent. Le monde a finalement les yeux tournés vers les Arméniens. Les ambassadeurs d'Occident s'unissent et demandent l'évacuation de la banque, promettant des réformes en échange – les promesses ne seront pas tenues, et 7 000 Arméniens perdront la vie ce jour-là, à Constantinople.

Le parti Dachnak prépare l'autodéfense des Arméniens. Créé en 1890 à Tiflis, il organisera la résistance contre l'oppression turque, dirigera la première République arménienne de 1918, décidera l'exécution des ordonnateurs du génocide arménien, l'opération Némésis. Ce parti existe encore aujourd'hui. Il exerce une forte influence au sein de la diaspora arménienne qu'il a organisée. Il est présent en Arménie et dans le Haut-Karabakh. C'est un acteur majeur et incontournable du monde arménien. Mais revenons aux massacres commis contre cette communauté…

Ceux d'Adana (Empire ottoman) verront périr 20 000, peut-être même 30 000 Arméniens entre le 14 et le 25 avril 1909. Ces tueries font suite à la contre-révolution ottomane de 1909 qui dégénère en une flambée de violence anti-arménienne dans la province entière.

Tout commence un an auparavant, lors de la révolution des Jeunes-Turcs, groupes révolutionnaires ottomans et arméniens qui s'allient dans le but de destituer le sultan Abdülhamid II. En réaction, le 13 avril 1909, une contre-révolution armée prend pour cible le Comité union et progrès, autre appellation du mouvement Jeunes-Turcs, et s'empare de Constantinople. La rébellion dure dix jours, mais provoque le massacre des populations arméniennes de la province d'Adana pendant plus d'un mois. Pourquoi Adana est-elle prise pour cible ? Pourquoi pas un autre lieu ? Parce qu'Adana, ville mère de quatre districts (Yüreğir, Çukurova, Sarıçam et Seyhan), concentre les Arméniens les plus prospères. Mettre cette population à genoux est donc tout un symbole.

Les Jeunes-Turcs, auxquels les Arméniens s'étaient alliés à leurs débuts, ne sont somme toute pas dignes de confiance. Car leur objectif sera, suite à cette extermination, d'anéantir toute vie arménienne sur le sol de la Turquie. D'aucuns diront, et j'en suis, que le mouvement est infiltré par les ultranationalistes, par les islamistes, et que cela explique leur désir neuf d'éradiquer un peuple dans son entièreté. D'autres affirmeront que s'ils font alliance avec les Arméniens au début du mouvement, ils savent d'ores et déjà qu'ils s'en débarrasseront une fois au pouvoir.

Le 27 avril 1909, ils renversent Abdülhamid II et installent sur le trône un nouveau sultan, Mohamed V, sous l'étroite surveillance d'un Comité union et progrès dirigé par Enver Pacha, garçon de 27 ans issu de leurs rangs. Ils donnent au pays une nouvelle Constitution et une devise qu'ici, en France, nous connaissons bien : « Liberté, Égalité, Fraternité ». Ils laissent alors encore espérer un sort meilleur aux minorités de l'Empire ottoman, sur des bases laïques. Mais leur idéologie est rapidement dévoilée. Entre février et juin 1914, les Jeunes-Turcs discutent d'un « plan d'homogénéisation », de la liquidation des « concentrations de non-Turcs » aussi. Ce plan préconise notamment le déplacement des populations arméniennes vers la Syrie et la Mésopotamie.

Le 3 août suivant marque le début de la conscription des classes d'âge 20-40 ans parmi les Arméniens ottomans. Le 19, le bazar de Diyarbakır, lieu abritant essentiellement des entrepreneurs arméniens, est incendié. Une semaine plus tard au vilayet d'Erdine, c'est le quartier arménien qui est détruit par un incendie criminel.

Septembre 1914 est un tournant. Des criminels de droit commun sont libérés de prison par décret du ministère de la Justice et recrutés par les autorités. Dans les jours qui suivent et durant tout l'automne, les entrepreneurs arméniens sont pillés sous prétexte de « réquisitions militaires ».

Le 13 novembre 1914, l'appel au djihad (guerre sainte) contre les « infidèles » est officiellement lancé. Deux semaines plus tard, 1 276 civils arméniens sont assassinés, 250 femmes et fillettes enlevées, dans les villages de Pertus et Yoruk. Un mois plus tard, plusieurs centaines d'hommes arméniens sont abattus dans le kaza de Başkale, au sud-est de Van. Des prêtres sont également tués.

Un nouveau virage est amorcé fin décembre de cette même année avec le début de l'offensive de la 3e armée ottomane, composée de quelque 90 000 hommes, sur le front du Caucase. Pour échapper aux forces turques, 53 437 réfugiés arméniens fuient en direction du Caucase.

Le 25 février 1915, Enver Pacha ordonne le désarmement des soldats arméniens. Trois jours plus tard, on apprend que 800 Arméniens de Salmast et Dilman, en Azerbaïdjan iranien, ont été déportés dans les villages voisins, torturés et mutilés, puis jetés dans des puits.

En mars 1915, un comité spécial, chargé de la gestion administrative et policière du projet d'élimination des Arméniens, est créé. À partir de ce moment, des notables arméniens sont arrêtés par dizaines, puis pendus en place publique. Le

12 du même mois, 1 600 Arméniens sont arrêtés pour devenir des travailleurs forcés. Trois jours après, dix-sept Arméniens, hommes politiques et enseignants, sont aussi mis aux arrêts et internés. Il en sera de même pour les leaders de Sıvas, détenus avant d'être finalement assassinés, comme pour les 21 000 civils arméniens de Van, fin mars. Les 4 000 villageois du vilayet d'Erzurum sont, eux, déportés vers on ne sait où, comme 3 000 Arméniens des Dardanelles le sont vers la Syrie.

Début avril 1915, au vilayet de Sıvas, à Marach et Hacin, curés, instituteurs et notables sont tous arrêtés et une majorité est exécutée. Dans les jours qui suivent, 18 000 Arméniens de Zeytoun et des localités environnantes sont déportés en plusieurs convois : 6 000 en direction de Sultaniye, 5 000 vers Alep, les autres vers Rakka. Mi-avril, 9 500 autres Arméniens seront à nouveau déportés du kaza de Göksun, à nouveau vers Alep et vers le désert syrien ; 6 000 autres, natifs ou habitants du kaza d'Elbistan, subissent le même sort. Les leaders, à cette période, sont abattus. Celui de Van, Ichkhan, le député Archag Vramian, lui aussi de Van.

Le 18 avril 1915, le Dr Ussher, médecin américain travaillant dans cette ville de Van, assiste à une entrevue entre hauts dignitaires turcs. L'un donne à l'autre l'ordre d'« aller à Chadakh et de faire disparaître la population ». Toutes les localités de Van sont envahies les jours qui suivent et 55 000 Arméniens sont tués. Quarante-huit heures passent, l'« élite » de la jeunesse arménienne de la ville est elle aussi exécutée. Un « comité spécial de déportation » voit le jour. À Erzurum, 200 personnalités sont emprisonnées, 32 sont exécutées.

Dans la nuit du 23 au 24 avril suivant, 600 intellectuels et notables arméniens sont arrêtés à Constantinople. Ils seront assassinés. C'est cette date du 24 avril qui symbolise le génocide des Arméniens. Mais nous constatons que les racines sont profondes et nous verrons que l'horreur est loin d'être terminée pour ce peuple.

Le 24 mai 1915, les trois puissances de l'Entente, à savoir la France, le Royaume-Uni et la Russie, reconnaissent la responsabilité du régime turc dans ces massacres à l'encontre des Arméniens, qui constituent « un crime contre l'humanité et la civilisation ». Cette déclaration apparaît comme un préambule au droit international.

Fin avril, dans le vilayet d'Adana, se joue un nouveau drame : 20 000 Arméniens sont déportés vers le désert syrien. Quelques jours plus tard, au vilayet de Sıvas, les élites sont raflées, comme les négociants, les artisans et enfin les adolescents.

Au total, quelque 200 personnes sont torturées et finalement assassinées à la hache.

Du 1er mai au 20 juin 1915, dans le vilayet de Mamuret-ul-Aziz, 100 personnes sont arrêtées et internées. Et pendant ce temps-là, dans les bureaux, on promulgue la « loi provisoire de déportation ». Le premier convoi part d'Erzurum le 16 juin, composé des familles arméniennes les plus influentes de la zone. On apprend, quatre jours après, qu'ils ont tous été exécutés.

Le 18, le deuxième convoi de déportés d'Erzurum se met en chemin pour Bayburt avec 10 000 Arméniens. Les déplacements font route, chaque jour, mais les choses prennent trop de temps aux yeux des Turcs. Les dirigeants se lamentent aussi de ce que les exécutions n'en finissent pas. Chaque jour, des centaines d'Arméniens, des milliers parfois, perdent la vie sous les feux nourris des soldats, au fil de leur épée, noyés ou pendus. D'autres fois, ils sont exterminés par le feu, comme ce 25 juin 1915 où 700 hommes sont exécutés et les garçons âgés de 1 à 7 ans, brûlés vifs.

Le 29 juin, la troisième caravane de déportés d'Erzurum est mise en route vers Bayburt et Erzincan avec 8 000 personnes. Le soir, tous sauf une dizaine, sont fusillés. Le lendemain, 15 000 Arméniens périssent sous le joug turc.

Fin juin, 120 garçons âgés de 10 à 14 ans sont égorgés dans la vallée de Saccigaz, à deux heures de marche du village qui les a vus grandir. Le reste de l'été ressemble à son début : 3 600 Arméniens initialement promis à la déportation sont finalement exécutés à l'arme blanche dans la plaine de Fırıncilar, au sud de Malatia ; 12 000 autres sont jetés dans le gouffre de Yudan. Puis 1 612, puis 4 000, puis 600 le 2 juillet, et encore 2 598, issus du vilayet de Bitlis, entassés dans des granges, et brûlés vifs. Chaque jour, chaque heure, des Arméniens meurent, de la pire des manières, dans les pires souffrances. Et le monde sait. Mais il ferme les yeux.

Il faut attendre le 24 septembre 1915 pour que le consul américain à Harpout, Leslie Davis, raconte ce qu'il a vu : d'immenses charniers regroupant les cadavres de milliers d'Arméniens. Personne ne l'écoute. Personne ne veut voir. La communauté internationale ne cille pas non plus quand elle apprend l'existence des camps de concentration de Katma et Azaz (vilayet d'Alep), où 60 000 déportés ont péri. Pas un mouvement quand elle découvre le camp de concentration de Bab (vilayet d'Alep), portant le sang et les stigmates de 60 000 autres déportés, tous décédés. Celui de Dipsi aura vu mourir

30 000 Arméniens, celui d'Arabpunar, 4 000. À Meskene, 80 000 déportés trépassent, mais les puissances étrangères, au fait, elles, passent sur ce crime, l'un des plus grands que l'humanité ait jamais porté.

Le génocide des Arméniens a été perpétré par les Jeunes-Turcs entre 1915 et 1921, il a été parachevé par la Turquie moderne d'Atatürk jusqu'en 1923 puis assumé par les divers gouvernements turcs qui se sont succédé par un négationnisme sournois qui tablait sur le silence des instances internationales et des États. La Turquie fait pourtant partie de l'Otan... et bénéficiait à ce titre d'une posture de solidarité de la part de ses alliés.

Mais à la fin des années 1990 et au début des années 2000, les États commencent enfin à reconnaître la réalité de ce génocide. Arrivé au pouvoir à ce moment-là, Erdoğan décide alors d'industrialiser le négationnisme. Comme l'écrit Bernard-Henri Lévy : « Le négationnisme est le stade suprême du génocide. C'est vrai de l'Arménie comme de la Shoah. Il est essentiel que le législateur empêche l'effacement de cette mémoire. »

Tant que l'État turc ne reconnaîtra pas le génocide des Arméniens, les plaies ne cicatriseront pas. L'Allemagne a reconnu la Shoah et sa responsabilité. Elle s'est engagée dans un long processus de réparations. Quatre-vingt-dix ans après le génocide arménien, Erdoğan a proposé qu'une commission d'historiens se réunisse pour vérifier la nature des massacres de 1915, proposition inacceptable pour les Arméniens qui ont senti le piège. Inacceptable, car les historiens du monde entier ont travaillé sur la question et ont validé le caractère génocidaire des massacres d'Arméniens.

Israel W. Charny, le président de l'Institute of the Holocaust and Genocide à Jérusalem, est formel : « Les massacres dont ont été victimes les Arméniens constituent un génocide. C'est comme s'il était proposé aux Juifs d'organiser des colloques entre des historiens et des négationnistes de la Shoah », dit-il, à juste titre.

Pour poursuivre dans la provocation, le 23 avril 2014, soit un an avant le centenaire du génocide des Arméniens, Erdoğan, dans un message adressé aux Arméniens, leur transmet ses « condoléances », reconnaissant qu'en 1915 la souffrance a été partagée. Il s'agit pour le président turc d'accréditer l'idée qu'il y a eu des atrocités des deux côtés… Le négationnisme est actif à Ankara qui organise ses relais d'opinion. Il suffit d'observer la composition de l'institut du Bosphore ou celle des groupes d'amitié France-Turquie à l'Assemblée nationale et au Sénat. Face à ce déploiement politique et à l'ingérence de la Turquie, le Conseil de coordination des organisations arméniennes de France réussit à se faire entendre de Nicolas Sarkozy et de François Hollande.

En 2011, le président de la République française et le leader du Parti socialiste sont convaincus de la nécessité de légiférer afin qu'une loi sanctionne la négation du génocide des Arméniens. À la fin de l'année 2011, Nicolas Sarkozy demande à la députée Valérie Boyer de porter la proposition de loi qui sera votée par l'Assemblée nationale de droite puis par le Sénat de gauche.

Nous sommes alors sidérés par la force de l'activisme de la Turquie auprès des médias, convaincus à l'époque que ce texte est « liberticide ». Et il est censuré par le Conseil constitutionnel comme portant atteinte à la liberté d'expression. Soixante parlementaires sont mobilisés pour saisir le Conseil constitutionnel, Erdoğan tient sa victoire...

Quelle injustice ! Comme si la loi Gayssot qui sanctionne les négationnistes du génocide des Juifs portait atteinte à la liberté d'expression. Le Conseil constitutionnel venait d'envoyer un terrible message à la société française, que j'interprétais comme la possibilité de nier la réalité du génocide des Arméniens en France, alors que l'Hexagone a reconnu ce génocide par une loi promulguée le 29 janvier 2001.

Après l'élection de François Hollande à la présidence de la République, l'Élysée mobilise des experts pour trouver le chemin vers l'adoption d'un nouveau texte. Les réunions se multiplient avec les fonctionnaires du ministère de la Justice et du ministère des Affaires étrangères. La volonté du chef de l'État semble parfaitement comprise. C'est Constance Rivière, conseillère « Institutions, société et libertés publiques » à l'Élysée, qui est chargée du dossier.

Nous sommes associés à de nombreuses réunions de travail. Nous apprenons que l'ambassadeur de Turquie à Paris est également extrêmement présent. Il s'agit de l'ancien numéro 2 des services secrets turcs, Ismail Hakkı Musa, qui a personnellement coordonné l'assassinat de trois militantes kurdes en janvier 2013. Malgré les pressions, un projet de loi gouvernemental est présenté dans le cadre du texte « Égalité et citoyenneté » voté à l'été 2016, cette fois par une Assemblée nationale de gauche et un Sénat de droite. Le Conseil constitutionnel s'autosaisit pour censurer de nouveau ce texte.

À peine élu, Emmanuel Macron s'engage à faire adopter un nouveau texte pour empêcher la négation du génocide des Arméniens. Nous attendons toujours…

Sur le génocide passé et présent des Arméniens…

Les négationnistes ont de beaux jours devant eux en France malgré la volonté d'une immense majorité des élus de la République. Une question reste pour le moment sans réponse : comment la France peut-elle renoncer à sanctionner les négationnistes ? Au moment où Erdoğan mène une politique d'ingérence, n'est-il pas temps que la République impose ses valeurs ? Ou, du moins, celles qu'elle prétend défendre…

5

Sur son invasion à Chypre et en Grèce : coupable !

Le 20 juillet 2021, Recep Tayyip Erdoğan se rend dans la partie turque de Chypre. Il y fait un discours qui sera unanimement condamné par les membres de l'Union européenne, de l'Otan et de l'ONU et, bien sûr, par le pouvoir chypriote qui n'a aucune envie de voir sa terre partir aux mains du despote turc.

« Nul progrès dans les négociations ne [peut] être fait sans accepter qu'il y ait deux peuples et deux États », déclame-t-il sur un ton comme d'habitude assuré, autoritaire. Maintenant, laissez-moi vous expliquer en quoi ces propos sont à l'image de celui qui les profère, scandaleux, et pour cela, faisons un petit bond dans l'histoire.

Chypre est une île byzantine jusqu'en 1192. Elle passe ensuite aux mains des croisés, puis à celles des Vénitiens et devient enfin ottomane en 1571. Il existe à cette époque ce qu'on appelle les « millets ». C'est un système organisant la cohabitation entre les musulmans et les non-musulmans de l'Empire, censé garantir à toute population la préservation de son identité ethnique, culturelle et religieuse. À la suite de la défaite turque face à la Russie, l'île passe en 1878 sous contrôle britannique.

À partir des années 1950, le joug colonial est contesté par les nationalistes grecs. En 1955, ils créent l'Organisation nationale des combattants chypriotes, soutenue par l'Église orthodoxe, dont le but est de rattacher l'île de Chypre à la Grèce. Mais les Chypriotes turcs, largement minoritaires, ne sont pas favorables à l'indépendance. Ils voient cela comme une menace et créent à leur tour l'Organisation de résistance turque en 1957. Ce groupement est évidemment soutenu par Ankara, tout à fait favorable à une division du territoire puisqu'elle prendrait sa part.

En 1960, Chypre obtient son indépendance, mais les troubles et heurts qui secouent les différentes communautés s'accentuent au cours de cette décennie qui commence. Les tensions sont si violentes et récurrentes que l'ONU est obligée de déployer des troupes de maintien de l'ordre dès 1964.

Le 15 juillet 1974, alors que les conflits sont toujours d'actualité, des officiers grecs fomentent un coup d'État contre le président et archevêque Makários III. Cinq jours plus tard, la Turquie envahit le nord de l'île. Officiellement, cette intervention militaire est réalisée au nom de la protection des intérêts de la minorité turque.

Depuis, la Turquie n'a jamais quitté le nord de l'île, et Chypre est coupée en deux par une ligne de partition qu'on appelle la ligne Attila. Cette séparation a entraîné ce que la Turquie nomme un « transfert de population » mais qui cache en réalité des déportations et une volonté de fer des différents dirigeants turcs de s'étendre. Les tentatives de pourparlers sous l'égide de l'ONU se multiplient dans les années qui suivent, mais toutes se soldent par un échec. Le 24 avril 2004, un référendum sur un plan de réunification fédérale, toujours proposé par l'Organisation des Nations unies, est jeté aux orties, personne n'arrivant à se mettre d'accord. Un mois plus tard, malgré le statut unique au monde de l'île de Chypre, séparée en deux, la partie grecque entre dans l'Union européenne. Trois ans plus tard, d'autres tentatives de médiation sont lancées, sans plus de succès que précédemment.

Revenons à aujourd'hui et plus précisément à l'homme qui bloque toute réunification de l'île, je parle du président turc actuel, Recep Tayyip Erdoğan. Il y a plusieurs raisons à son attitude. La première est son désir inextinguible d'extension, non seulement de ses terres, mais plus encore de ses croyances, fermement islamistes. La seconde est géostratégique. L'île de Chypre est au cœur des préoccupations de la Turquie car elle déborde de gisements de pétrole, mais aussi de gaz naturel. Découvertes en 2011 par la société américaine Noble Energy, les réserves de ce champ, baptisé Aphrodite, sont estimées entre 140 et 230 milliards de mètres cubes. Un volume qui serait équivalent aux réserves de la mer du Nord, autant dire une véritable manne pour le président turc... qui pensait sans doute que Chypre se laisserait spolier sans sourciller, ce qui n'était pas dans les plans du gouvernement chypriote. Car ces ressources permettraient à Chypre de couvrir ses besoins énergétiques et de revendre le surplus, ce qui lui conférerait donc une autonomie en la matière. Sans hésiter, les autorités signent leur premier accord d'exploitation de gaz avec un consortium international regroupant les sociétés anglo-néerlandaise Shell, l'américaine Noble Energy et l'israélienne Delek. Israël étant l'un des ennemis jurés de la Turquie, cette dernière ne tarde pas à réagir devant ce qu'elle vit comme un affront.

Erdoğan entend bien exploiter lui aussi cet or bleu, ce qui lui permettrait de diminuer ses importations de gaz naturel. Sauf que Chypre ne lui propose pas de l'associer aux deals, ce qui paraît couler de source pour tous mis à part pour le président turc qui, comme à l'accoutumée, ne sait rien régler de manière diplomatique.

En octobre 2014, Erdoğan envoie un navire d'études sismiques, le *Barbaros*, protégé par des bâtiments de guerre, en campagne d'exploration dans la zone économique exclusive (ZEE) de la république de Chypre. Il n'en a absolument pas le droit, n'a demandé aucune autorisation, mais s'en moque, malgré les injonctions du gouvernement chypriote et du reste du monde.

En février 2018, la marine turque somme un navire de forage italien d'abandonner sa tâche en mer sur-le-champ. Le bateau, refusant en premier lieu de céder, est fortement menacé.

En novembre 2019, c'est un navire de recherches israélien, le *Bat Galim*, qui est contraint de quitter les eaux chypriotes et de faire machine arrière sous la menace de navires turcs, mais cette fois nous parlons de navires de guerre. Erdoğan n'a donc peur de rien ; pire, il s'allie avec tous ceux qui peuvent l'aider à étendre un peu plus ses tentacules.

Après Chypre, la Turquie se tourne à présent vers la Libye. Ankara signe un accord sécuritaire et maritime avec Tripoli. Le pacte lui donne accès à des zones économiques revendiquées par la Grèce et par Chypre. « Avec cet accord, nous avons poussé au maximum le territoire sur lequel nous avons autorité. Nous pourrons ainsi mener des activités d'exploration conjointes », déclare Recep Tayyip Erdoğan après la signature du texte. Une alliance qui suscite une levée de boucliers, à Athènes et Nicosie forcément, mais aussi au sein de l'Union européenne. Quelques jours après la publication de l'accord, la France, la Grèce, Chypre et l'Égypte déclarent d'une même voix que cet accord « porte atteinte aux droits souverains d'un État tiers, n'est pas conforme au droit de la mer et [que] ne peut en découler aucune conséquence juridique ».

Au fait de l'indifférence du président turc quant aux menaces extérieures, quatre pays de l'Union européenne – la France, l'Italie et bien sûr la Grèce et Chypre – mènent des manœuvres militaires en Méditerranée orientale dans le cadre de l'Initiative quadripartite de coopération (Quad) pendant tout l'été 2020.

Une fois de plus, Erdoğan n'en a que faire, son âme de guerrier prenant le plus souvent le pas sur la raison. Face à son refus d'entendre les critiques des pays alliés contre lui, l'association des quatre passe à la vitesse supérieure pour le contrer et la France est en tête de l'opération. Elle se positionne pour la première fois clairement, se range du côté d'Athènes en lui vendant des avions de chasse Rafale.

Du côté de l'Union européenne, il n'est alors plus question d'intégrer la Turquie dans ses rangs, du moins tant que le président turc met le feu aux poudres, indifférent à la perspective de peut-être déclencher une guerre, qu'il semble même chercher mais qui, étonnamment, n'effraie en rien la petite île de Chypre. Le 10 décembre dernier, ses dirigeants signent un nouvel accord, le second, d'exploration de gisements gaziers et pétroliers dans sa zone économique exclusive, cette fois avec un consortium regroupant ExxonMobil et Qatar Energy, toujours en dépit de l'opposition turque. Les travaux devraient commencer au second semestre 2022, ce qui attise encore un peu plus la colère du président Erdoğan.

Par la voix de son ministre des Affaires étrangères, il a déclaré à la suite de ce contrat que « la Turquie n'autoriserait jamais un pays, une entreprise ou un bateau étranger à lancer des opérations pour rechercher des hydrocarbures dans ses zones maritimes », avant d'ajouter que toutes les ressources naturelles découvertes au large des côtes chypriotes lui appartenaient aussi.

Dans cette posture, Recep Tayyip Erdoğan poursuit sa politique expansionniste, toujours en quête de domination. Il démontre qu'il est capable de provoquer l'Europe militairement puisque Chypre fait partie de l'Union européenne. Il prouve sur ce dossier comme sur bien d'autres qu'il est prêt à provoquer des conflits. Il n'est possible de l'arrêter que par la force. Cet homme est un danger.

6

Sur son appel au djihadisme en Europe : coupable !

« Demain, aucun Européen ne pourra faire un pas dans la rue en sécurité [...]. La Turquie n'est pas un pays qu'on peut bousculer, avec l'honneur duquel on peut jouer, dont on peut expulser les ministres », déclare le président turc le 22 mars 2017 dans un discours à Ankara suite à l'interdiction de plusieurs meetings pro-Erdoğan en Allemagne et aux Pays-Bas, réunions auxquelles plusieurs ministres turcs devaient participer.

Cette interdiction provoque l'hystérie du président turc, qui accuse aussitôt Angela Merkel de « pratiques nazies », ajoutant, sans aucun complexe : « En tant que Turquie, nous appelons l'Europe à respecter les droits de l'homme et la démocratie. » Erdoğan ose tout et c'est cela qui le rend dangereux. Avançant ses pions tant qu'il le peut, poussant son avantage autant que possible, il observe la réaction de ses interlocuteurs, mais est tout aussi capable de faire marche arrière s'il sent de la résistance.

L'affaire de la menace d'expulsion des ambassadeurs de dix pays occidentaux dont la France, l'Allemagne et les États-Unis fait grand bruit. Erdoğan reproche aux diplomates d'avoir signé, le 18 octobre 2021, un appel conjoint en faveur d'Osman Kavala. Cet homme d'affaires et philanthrope est alors emprisonné depuis quatre ans dans les geôles turques, sans jugement. Pourquoi ? Parce que Recep Tayyip Erdoğan lui reproche d'avoir voulu déstabiliser la Turquie en participant aux manifestations antigouvernementales du mouvement de Gezi en 2013. Voilà qui explique l'appel de la communauté internationale.

Mais le président turc considère cela comme une ingérence dans les affaires intérieures de la Turquie. Réaction assez cocasse de la part d'un dirigeant dont la stratégie est de créer sans cesse de multiples situations d'ingérence à l'extérieur de ses frontières.

En signant cet appel, les dix ambassadeurs se font l'écho d'une décision de la Cour européenne des droits de l'homme qui, en décembre 2019, avait déjà ordonné la « libération immédiate » d'Osman Kavala. Après la démarche de la CEDH, le Conseil de l'Europe entame à son tour une procédure en décembre 2021. Des sanctions contre le gouvernement d'Erdoğan sont brandies, mais jusqu'à aujourd'hui, elles sont restées à l'état de menaces. Et c'est parce qu'Erdoğan méprise les Européens, qu'il sait incapables de prendre des sanctions concrètes, qu'il fait pire que tout : en février 2020, Osman Kavala a été acquitté mais immédiatement placé à nouveau en garde à vue puis incarcéré au prétexte d'avoir soutenu la tentative de putsch contre Erdoğan le 15 juillet 2016.

Erdoğan continue de multiplier les provocations à l'encontre de l'Europe, de ses peuples et de ses dirigeants. Nous avons vu de quelle manière il a insulté Angela Merkel lui reprochant d'avoir des « pratiques nazies » et en avril 2021, il a fait coup double en humiliant l'Europe, et cette fois plus précisément les femmes. Le 21 avril 2021, une délégation de l'Union européenne se rend en Turquie. Elle est composée de Charles Michel, président du Conseil européen, et d'Ursula von der Leyen, présidente de la Commission européenne. Les deux représentants de l'Europe pénètrent dans le bureau d'Erdoğan. Charles Michel s'assoit sur le fauteuil que lui montre le président turc ; Ursula von der Leyen, elle, n'a pas de siège. Elle reste debout sous l'œil amusé d'Erdoğan, et finit par prendre place sur un canapé, très loin de son interlocuteur. Cet épisode montre le mépris du président turc pour les instances européennes, mais pour la gent féminine aussi. Et ce n'est pas tout.

« Une campagne de lynchage semblable à celle contre les Juifs d'Europe avant la Seconde Guerre mondiale est en train d'être menée contre les musulmans. » Cette phrase est celle que Recep Tayyip Erdoğan prononce le 26 octobre 2021. Une parmi tant d'autres, à l'encontre des dirigeants européens, que le chef d'État accuse allègrement et régulièrement de « fascisme » et de « nazisme ».

Pourquoi le dirigeant turc tient-il des propos aussi haineux ? Parce qu'il veut remplacer la laïcité du Vieux Continent par sa vision islamiste de la religion musulmane. Le problème est qu'il étend ses tentacules comme aucun autre n'y était parvenu avant…

Plus de 5 millions de Turcs vivent en Europe et l'immense majorité suit son chef de guerre Erdoğan.

Revenons un instant à l'Allemagne où il fait construire la grande mosquée de Cologne, qui peut accueillir jusqu'à 1 200 fidèles. Le bâtiment voit le jour en septembre 2018, sous le regard fier d'Erdoğan lui-même, venu l'inaugurer sous les acclamations de 20 000 personnes scandant :

« Nous sommes tes soldats, tu es notre commandeur ! » Aucune personnalité allemande n'est conviée à la cérémonie, comme si le lieu de culte était une annexe territoriale de la Turquie, ce qui est en fait le cas. C'est la Ditib (Union turco-islamique des affaires religieuses) qui gérera la mosquée. C'est une antenne officielle du Diyanet, l'administration des affaires religieuses du gouvernement turc.

Comment expliquer que l'Allemagne tolère une telle ingérence de la Turquie sur son sol ? C'est très simple : les Turcs sont au nombre de 3 millions dans ce pays et près de 1,5 million ont gardé leur nationalité, signifiant ainsi leur attachement aux valeurs turques et à leur président. Voilà qui explique qu'Angela Merkel en son temps n'ait jamais contré frontalement le président Erdoğan, même lorsque celui-ci menaçait ouvertement d'envoyer des migrants par milliers en Europe, des migrants djihadistes… Car l'Allemagne est gangrenée.

La Ditib a installé et administre 900 communautés dans les grandes villes et 400 autres dépendent de Millî Görüş, une organisation extrémiste proche du parti d'Erdoğan. Pire, les religieux envoyés dans les mosquées du pays viennent tous de Turquie ; seuls 10 % d'entre eux ont grandi en Allemagne. Ce sont donc 90 % des imams qui sont dépêchés par Ankara, et ne parlent la plupart du temps même pas allemand.

Ils se sentent en revanche totalement chez eux dans ce pays européen. Chaque fois que la Turquie célèbre une victoire militaire, les mosquées organisent des fêtes dans lesquelles des centaines d'enfants défilent en uniforme. Les imams font des rapports constants au Diyanet sur les fidèles, ceux qui se présentent à la mosquée, ceux qui adhèrent à l'islamisme, et dénoncent aussi ceux qui s'y refusent.

Les renseignements allemands notent aussi, ces dernières années, l'apparition dans les temples de « Loups verts », des militants de la mouvance d'extrême droite ultranationaliste Ülkücü (Loups gris). Leur rôle est clairement défini, ce sont des missionnaires chargés d'étendre leurs réseaux en Allemagne.

Erdoğan sait donc comment s'implanter et placer ses hommes dans ce pays, mais pas seulement. En Belgique, les Turcs représentent 2,9 % de la population, ce qui explique l'attrait du président Erdoğan pour ce territoire. Ainsi, il se tient au courant de la façon dont ses idées sont déployées, particulièrement au sein des mosquées, qu'il prend bien soin de nourrir en discours arrivant directement d'Ankara, mais surtout en hommes. En 2019, il décide d'envoyer quarante imams de

Turquie à Bruxelles, pour répondre à la pénurie à laquelle sont confrontées d'après lui de nombreuses mosquées turques. Pénurie totalement inventée mais justifiée par le fait que les permis de séjour des imams déjà sur place auraient expiré… sauf que ces hommes, une fois remplacés, ne quitteront en fait pas la Belgique. Au siège belge de la Diyanet, l'administration turque responsable de la gestion du culte islamique en Turquie et auprès des diasporas turques du monde entier, personne ne veut s'expliquer sur ce fait, comme par hasard…

Rien qu'en Flandre, il y a cinquante mosquées appartenant à la Diyanet, c'est-à-dire sous les ordres directs de la Turquie. Treize d'entre elles sont reconnues et subventionnées, comprenez que l'État belge n'exerce aucun contrôle sur les trente-sept autres. Malgré les craintes de certains dirigeants belges concernant cette mainmise d'Erdoğan au sein de leur pays, malgré des rapports alarmistes de la Sûreté de l'État, la Diyanet présente, au sein de pays européens, les opposants au régime d'Erdoğan comme des « ennemis d'État »… Et ce mouvement est suivi par les Turcs vivant sur le sol belge. En 2014, 127 416 électeurs turcs votent en Belgique pour les élections présidentielles turques. Deux bureaux ont été ouverts pour l'occasion, l'un à Bruxelles et l'autre à Anvers. Résultat des courses : Erdoğan obtient 69,8 % de voix en sa faveur, soit un score bien plus important que son résultat global, qui est de 51,79 % dans son pays. Nous tenons là la preuve que celui qui ce jour-là devient président de la Turquie peut compter sur de forts relais pour sa politique expansionniste islamiste.

Autre fait avéré de la puissance d'Erdoğan dans le pays : une liste noire, tenue à jour mois par mois, de Turcs vivant en Belgique et à qui il est interdit de retourner en Turquie. Près de 1 300 personnes figurent sur cet inventaire, à la demande d'Erdoğan lui-même. Qu'ont-elles fait pour se voir interdites de séjour dans leur pays de naissance ? Elles ont critiqué le régime turc en place. Mais ce veto à leur retour n'est pas la seule mesure qu'Erdoğan met en place contre eux. Si elles persistent dans leurs accusations, ces personnes sont intimidées et menacées à leur domicile par des hommes du président turc, habitant ou étant dépêchés pour l'occasion sur le territoire belge. Car le chef d'État a engagé 6 000 espions Internet dont l'unique mission est de traquer chaque mot ou chaque dessin qui iraient à son encontre en Belgique.

Ces hommes, en plus de chasser le moindre commentaire accusateur, sont aussi chargés de répandre des mensonges sur les auteurs desdites accusations.

Au fait de ces pratiques antidémocratiques, le ministre de l'Intérieur Jan Jambon et le ministre de la Justice Koen Geens ont immédiatement demandé à Ankara de fournir des éclaircissements sur les critères utilisés, une demande étonnante, teintée de peur, puisqu'il n'y aurait en réalité pas à demander quoi que ce soit mais simplement à condamner. Est-il utile de préciser que Recep Tayyip Erdoğan n'a pas donné suite à cette requête ?

Il paraît en revanche important de dire qu'il a, à la suite de l'invitation à s'expliquer, décidé d'aller plus loin dans la traque de ses opposants belges, en prévenant qu'il ferait passer une loi rendant encore plus facile la punition des citoyens qui critiquent le gouvernement et dont les critiques seront désormais tout simplement qualifiées de propagande. L'histoire nous dira si le gouvernement belge laissera un dirigeant étranger intimider ses ressortissants…

En revanche, cela n'est pas le cas des Pays-Bas. Les dirigeants de ce micro-État de 41 543 km^2 ne semblent pas craindre le président turc. Ainsi, en mars 2017, les Pays-Bas interdisent au ministre des Affaires étrangères turc de venir à Rotterdam pour un meeting de soutien à Erdoğan. Imposant cette décision sans s'expliquer, le gouvernement néerlandais dira ensuite que « beaucoup de citoyens néerlandais ayant des origines turques peuvent voter lors du référendum sur la Constitution turque. Le gouvernement néerlandais n'a aucun problème avec les rassemblements dans le pays pour les informer à ce sujet, mais ces rassemblements ne doivent pas contribuer à des tensions dans notre société, et quiconque souhaite organiser un rassemblement est obligé de suivre les instructions des autorités afin que l'ordre public et la sécurité soient garantis ». Cela ne plaît évidemment pas au président turc qui rétorque, comme à son habitude, sans une once de diplomatie : « Vous pouvez interdire à notre ministre des Affaires étrangères de voler, mais à partir de maintenant voyons comment vos vols vont atterrir en Turquie. » Et ce n'est là que le début. Dans la suite des déclarations, le président turc éructe que « le nazisme et le fascisme » sévissent en Occident, tout comme l'islamophobie.

Tout cela n'a rien d'étonnant, nous connaissons maintenant bien le langage grossier et les arguments du président turc. Nous savons tout aussi bien qu'ils ne visent qu'à enflammer les musulmans en leur faisant croire qu'ils sont rejetés, haïs, pour qu'ainsi, ils se radicalisent et rejoignent les rangs islamistes. Ce qu'il est également intéressant d'observer, ce sont les moments auxquels le chef d'État choisit d'agir, car rien n'est laissé au hasard.

Le président turc mène une campagne agressive contre l'Europe au moment où il dirige une campagne référendaire sur son propre territoire afin de faire plébisciter par la population une réforme de la Constitution qui lui accorderait plus de pouvoirs. Adopté en première lecture par le Parlement turc, le projet attribuerait notamment au président le pouvoir de nommer et de renvoyer des ministres tout en supprimant, au profit d'une vice-présidence, le poste de Premier ministre.

Erdoğan aime passionnément glaner des voix chez les Turcs vivant en diaspora, car il le sait, eux ne savent pas et ne voient pas la façon dont il traite ses habitants. Mais ce qu'il aime plus que tout, c'est s'inviter dans les campagnes des pays européens. Il sait que l'islamisme est toujours au cœur de nos débats, le Vieux Continent faisant malheureusement l'objet d'attentats récurrents. De fait, il n'a qu'à attendre que le sujet soit remis sur la table pour attiser les haines entre les communautés.

L'incident diplomatique entre la Belgique et la Turquie dont je parlais précédemment s'est déroulé à quelques jours du scrutin législatif néerlandais, au terme d'une campagne dont l'islam a été un thème majeur. Le 5 mars 2017, à quelques mois des élections fédérales allemandes, Erdoğan accuse la chancelière Angela Merkel de soutenir le terrorisme.

Fou ? Non, calculateur et avisé. Car même s'il souffle le chaud et le froid, clamant parfois qu'il veut entrer dans l'Union européenne, parfois pas, Erdoğan sait en réalité parfaitement ce à quoi il aspire. Son rêve tient en un mot : djihad. N'oublions pas qu'il est l'auteur de ces paroles : « Toute injure au prophète est une injure à tous les musulmans » ; « Les minarets seront nos baïonnettes, les coupoles nos casques, les mosquées seront nos casernes et les croyants nos soldats… »

Il serait peut-être temps que l'Europe mette fin aux crédits de pré-adhésion réglés à la Turquie… Il y en a pour treize milliards d'euros…

7

Sur son désir de terrasser la laïcité en France : coupable !

La France est, de toutes les terres européennes, de loin celle que le président turc a dans le viseur pour y installer sa funeste idéologie islamiste. Car 700 000 Turcs vivent sur notre sol, bien plus que les 500 000 présents en Hollande, les 400 000 peuplant l'Angleterre ou encore les 240 000 en Belgique. Le fort nombre de Turcs habitant la France est une des raisons expliquant l'intérêt d'Erdoğan pour l'Hexagone, mais ce n'est pas la seule. Sa colère est cristallisée par le fait que nous sommes « le pays des droits de l'homme », celui de la liberté d'expression, mais également parce qu'en France, de nombreux élus – maires, députés, sénateurs et intellectuels – soutiennent la cause arménienne, celle de la reconnaissance du génocide des Arméniens et de la pénalisation de sa négation. Cette situation provoque l'hystérie d'Erdoğan. La cause kurde y a également ses soutiens ainsi que les Grecs et les Chypriotes. Le président turc a donc décidé, il y a bien longtemps déjà, de faire de la France sa priorité, car il est persuadé que l'infiltration du pays est la solution.

Comment alors la Turquie s'y prend-elle ?

Les directions générales des sécurités intérieure et extérieure, la DGSI et la DGSE, le savent parfaitement et alertent l'Élysée sur la stratégie d'infiltration de la Turquie en France chaque année. Le dessein du président Erdoğan, selon le rapport des instances officielles, est de contrôler la diaspora, mais aussi d'étendre sa domination sur l'islam politique. En octobre 2021, *Le Journal du dimanche* révèle, après lecture de documents confidentiels, que le noyautage se fait par le biais d'un maillage associatif, éducatif et religieux. Le but est de mettre la communauté turque vivant en France au pas, celui d'Erdoğan.

Le drame est que les Turcs vivant sur notre sol sont très perméables aux idées d'Erdoğan, preuve en est que ses appels à la diaspora se font très ouvertement. Le 5 janvier 2018 par exemple, le dirigeant turc soutient publiquement le Conseil français pour le culte musulman, le CFCM, en déclarant : « Les musulmans de France sont sous ma protection. Ceux qui vous touchent me touchent. »

Il n'hésite pas non plus à s'exprimer sur l'importance de réformer l'islam de France, se posant en homme providentiel, lançant même un boycott international sur les produits français lorsque Emmanuel Macron tape du poing sur la table, ou du moins menace de le faire…

Car la vérité est que la France, comme l'Allemagne, a peur. Erdoğan, avec l'aide de son puissant service de renseignements, le MIT, a la mainmise sur sa diaspora française. La Turquie veut asseoir son leadership sur le monde arabe en France par l'intermédiaire des institutions religieuses. En 2017, Ahmet Ogras, un agent de voyages franco-turc, est élu président du CFCM. Sur son compte Twitter, il écrit fièrement : « Nous sommes tous des soldats d'Erdoğan ! »

Le secrétaire général du CFCM, depuis le début de l'année 2020, est Fatih Sarikir, Franco-Turc très lié au pouvoir central d'Ankara, dirigeant du Millî Görüş, une institution islamiste radicale. Cet homme est considéré comme un activiste islamiste. Il a ardemment milité pour que le Millî Görüş ne signe par la charte des principes de l'islam de France. Mais ce n'est pas tout. À Strasbourg, le mouvement islamiste est à l'initiative de la construction d'une grande mosquée en 2019. Qui a donné son accord ? Des élus locaux, français, sensibles aux sirènes du gouvernement turc. Le projet ne voit pas le jour, du moins pour le moment, mais il est un exemple de ce qu'Erdoğan se permet de lancer chez nous. La maire de Strasbourg, avec laquelle je me suis entretenu à l'hiver 2020, rejetait la responsabilité de cet accord sur la municipalité précédente ainsi que sur l'État. Elle ajoutait que le représentant du Millî Görüş à Strasbourg apparaissait comme une personnalité convenable. Ce n'est qu'après que je lui ai démontré les liens de cette organisation avec Ankara qu'elle a paru convaincue. Mais ce n'est pas tout.

Depuis les années 1970, cela remonte donc à longtemps, le ministère de l'Enseignement turc envoie ses propres manuels en France, manuels qui sont évidemment des outils de propagande puisqu'ils diffusent notamment le négationnisme du génocide arménien et la haine des Grecs.

Erdoğan a aussi une foule d'associations à ses ordres en France. La fondation Maarif par exemple, dont le président turc dit qu'elle est l'une des institutions scolaires qui enseignent « les principes universels aux jeunes esprits du monde entier, assurant ainsi l'avenir commun de l'humanité », est en fait son outil de croisade dans les écoles turques sur le territoire européen. Dans certains cours, l'idéologie islamiste est expliquée et vantée aux enfants.

Quant aux imams de France, la moitié de ceux qui prêchent sur notre territoire sont envoyés d'Anakara, où ils ont bien sûr été formés. Ajoutons qu'il n'y a aucune possibilité pour eux de se distinguer de la ligne d'Erdoğan puisque c'est la Turquie qui les rémunère, et là non plus, l'État français ne dit rien.

Pas plus que pour les Loups gris. Ce groupe d'extrême droite turc, organisant des descentes dans des quartiers arméniens dans le but non dissimulé de tuer, œuvre sur les réseaux sociaux de façon décomplexée. Le président turc, bien qu'il s'agisse de terroristes avérés, leur témoigne publiquement son soutien, allant jusqu'à faire leur signe distinctif de la main à la fin de nombreux discours. Le gouvernement français a bien fait interdire les Loups gris à la fin de l'année 2020 mais cette association a de nombreux militants et sympathisants qui en font le geste emblématique régulièrement. Ce fut le cas récemment, au stade Orange Vélodrome de Marseille.

Pourquoi, alors, le gouvernement français reste-t-il inactif ? Pourquoi tous les gouvernements le sont-ils ? L'appartenance d'Erdoğan à l'idéologie des Frères musulmans lui permet d'étendre son influence à la vitesse de la lumière et quasiment partout dans l'Hexagone. Mosquées, écoles coraniques, associations : tout un panel d'organismes est mis à disposition de ce projet.

Et Erdoğan a bien d'autres atouts dans sa manche puisque la justice française le suit, aussi étonnant que cela paraisse. Le 8 avril 2021, Frédéric Burnier-Framboret, le maire d'Albertville, est mis en demeure par le tribunal administratif d'autoriser la construction d'une école islamiste turque dans sa ville. Il signe une tribune dans *Le Figaro* du jour, dans laquelle il déclare : « Le 7 avril, le tribunal administratif de Grenoble m'a condamné à signer un arrêté accordant le permis de construire d'une école privée portée par l'association Confédération islamique Millî Görüş (CIMG). Cette association est celle qui, actuellement, construit la mosquée de Strasbourg et qui fait partie des trois organisations ayant refusé de signer la charte des principes pour l'islam de France. Le groupe scolaire envisagé comprendra 16 classes, un réfectoire, une cuisine, un gymnase. La capacité de cet établissement s'élèvera à 400 élèves au total, ce qui représente un quart des 1 200 écoliers de notre commune. Cette nouvelle école, par son ampleur, aura des conséquences immédiates dramatiques : la fermeture de plusieurs classes, voire à terme d'une école publique, ainsi que la polarisation d'un quartier pour lequel je travaille depuis mon élection en 2017, afin d'y instaurer un vivre-ensemble solidaire et harmonieux. » Impossible d'expliquer cette folle décision judiciaire.

Impossible aussi d'expliquer le flot d'insultes d'Erdoğan à l'endroit d'Emmanuel Macron, sans que jamais le président français ne réponde. Le 24 octobre 2020, le chef de l'État turc invite son homologue à « aller d'abord faire des examens de santé mentale », ajoutant que « Macron a besoin de se faire soigner ». Cette sortie de route fait suite à une déclaration d'Emmanuel Macron promettant de « ne pas renoncer aux caricatures », propos tenus quelques jours après la décapitation de l'enseignant Samuel Paty. La réaction d'Erdoğan pourrait à vrai dire faire sourire, comme ce fut souvent le cas de celles de Trump, excessives, ahurissantes, ridicules en un mot. Sauf qu'Erdoğan est infiniment plus dangereux que l'ex-président des États-Unis, car sans limites.

Et s'il est en roue libre, ce n'est pas qu'il est fou, c'est qu'il craint par-dessus tout le projet de loi sur le séparatisme qui se prépare alors en France. Cela menace clairement son projet à lui, à savoir islamiser notre pays, malgré la centaine d'imams œuvrant chez nous à faire passer son discours extrémiste, malgré toutes les associations qu'il a installées sur notre terre et qui, elles aussi, sont un relais de ses propos haineux à l'endroit de la France. Voilà qui rend le despote suffisamment furieux pour hurler à l'islamophobie.

Il se permet de déclarer qu'Emmanuel Macron perdra l'élection présidentielle à venir, en 2022, « parce qu'il n'a rien accompli pour la France », ajoutant : « Vous passez votre temps à vous en prendre à Erdoğan, ça ne vous rapportera rien. » Notre président ne répond toujours rien, se cantonne à désespérer de l'attitude plus qu'hostile du chef de l'État turc, parlant de « déclarations très offensives », disant aussi que ses propos sont « inacceptables » et que « l'outrance et la grossièreté ne sont pas une méthode », mais on en reste là. L'Élysée ajoute même : « Nous n'entrons pas dans des polémiques inutiles et n'acceptons pas les insultes. »

Il faudra un nouvel appel au boycott des produits français dans le monde de la part d'Erdoğan pour que notre président prenne enfin une décision, mais cependant aucune sanction. L'ambassadeur de France à Ankara est rappelé sur-le-champ, l'Élysée s'attelant à envoyer là « un signal très fort ». Jean-Yves Le Drian, le chef de la diplomatie française, prend lui aussi la parole, pour dénoncer « une volonté d'attiser la haine » contre la France et son président Emmanuel Macron.

Le 1er novembre 2020, le président turc attaque de nouveau Emmanuel Macron, réaffirmant ses doutes sur sa santé mentale. Lors d'un discours télévisé depuis la ville de Malatya, en Anatolie, il l'accuse d'être « obsédé par Erdoğan jour et nuit », avant d'ajouter : « C'est un cas, et en conséquence, il a vraiment besoin de subir des examens mentaux. » Cette fois, c'en est visiblement trop pour notre président, qui diffuse le même jour plusieurs tweets en réponse à son homologue. Il parle de « discours de haine », écrit : « La liberté, nous la chérissons ; l'égalité, nous la garantissons ; la fraternité, nous la vivons avec intensité. Rien ne nous fera reculer, jamais. » Afin que ces messages aillent au but, les tweets sont traduits en anglais et en arabe.

« Notre histoire est celle de la lutte contre les tyrannies et les fanatismes. Nous continuerons, nous continuerons. Nous respectons toutes les différences dans un esprit de paix. Nous n'acceptons jamais les discours de haine et défendons le débat raisonnable. Nous continuerons. Nous nous tiendrons toujours du côté de la dignité humaine et des valeurs universelles », finit enfin le président de la République.

La réaction d'Erdoğan ne se fait pas attendre. Le lendemain, il scande : « Les responsables européens doivent dire stop à la campagne de haine qui est dirigée par Macron » dans un discours des plus haineux à Ankara. Il appelle de nouveau, toujours lors de cette allocution, les Turcs à boycotter les produits français : « Tout comme en France certains disent de ne pas acheter les marques turques, je m'adresse d'ici à ma nation : surtout, ne prêtez pas attention aux marques françaises, ne les achetez pas. »

L'Élysée ne bouge pas, mais la presse française si, du moins *Charlie Hebdo*. Le mardi qui suit, lendemain de harangue du président turc, le journal satirique le met en couverture. Il est caricaturé en tee-shirt et sous-vêtements, en train de boire une bière et de soulever la jupe d'une femme portant le voile, dévoilant ainsi ses fesses nues. La Turquie réagit très violemment, accusant l'hebdomadaire satirique français de « racisme culturel », et annonce que le journal sera poursuivi : « Les actions judiciaires et diplomatiques nécessaires seront entreprises contre ladite caricature », déclare la direction de la Communication de la présidence turque dans un communiqué en français. Dans la foulée, le parquet d'Ankara avertit de l'ouverture d'une enquête contre les dirigeants de *Charlie Hebdo*.

D'après ses dires, le président turc n'aurait pas vu cette une, mais il s'en prend aux journalistes pour un autre motif : « Ma colère n'est pas due à l'attaque ignoble contre ma personne, mais aux insultes contre le prophète Mahomet. » Et voilà comment Erdoğan fait pour monter les communautés les unes contre les autres, appelant, l'air de rien, les musulmans à s'indigner du traitement que la France leur fait subir…

L'Élysée à cet instant tremble, au fait de ce que le président turc est en train de mettre en place. La France « ne renoncera jamais » à ses valeurs malgré « les tentatives de déstabilisation », réagit immédiatement Gabriel Attal, le porte-parole du gouvernement, soulignant « la très grande unité européenne » face aux critiques de la Turquie et de pays musulmans sur les caricatures de Mahomet. L'Europe, enfin, fait front commun contre le dictateur fou. L'Allemagne, l'Italie, les Pays-Bas, tous les pays d'Europe se rangent derrière la France et condamnent unanimement les propos et attaques d'Erdoğan. Ce qui ne fut pas toujours le cas, loin de là.

On se souvient du conflit en Libye, durant lequel Emmanuel Macron s'était attaqué à son homologue avec une grande virulence. Le président français, le 29 juin 2020, n'avait pas tremblé en déclarant que l'intervention militaire turque était « une responsabilité historique et criminelle pour qui prétend être membre de l'Otan », mais cette pique, dont le chef d'État espérait sans doute qu'elle soit un cri de ralliement pour les autres pays de l'Union européenne, n'a jamais été suivie, ce qui explique sans doute pourquoi Emmanuel Macron, cette fois, attaque frontalement, mais une unique fois.

Je vous explique. Trois semaines avant les paroles assassines du président français, le 10 juin, le *Cirkin*, navire marchand battant pavillon tanzanien, est vu au sud de la Crête. Étrangement, il est escorté par trois frégates de la marine turque. Plus étrangement encore, il masque son immatriculation. On le soupçonne dès lors de transporter des armes, en totale violation de l'embargo de l'ONU contre la Libye alors en guerre. Que nenni ! proclame Ankara, qui déclare que ledit navire transporte du matériel médical... ce que ne croit pas du tout Paris.

La frégate française *Courbet*, qui fait partie de la mission de surveillance de l'Otan, essaie d'aborder le *Cirkin*. C'est alors que l'un des bateaux turcs « illumine le *Courbet* à trois reprises avec son radar de conduite de tir », dévoile notre ministère des Armées. L'acte est plus qu'hostile, puisqu'il est généralement le dernier avant qu'on fasse feu. « C'est un acte extrêmement agressif qui ne peut pas être celui d'un allié vis-à-vis d'un navire de l'Otan », surenchérit notre ministère. Le gouvernement français donne l'ordre à la marine française de faire marche arrière. Erdoğan gagne ainsi son bras de fer.

Finalement débarrassé du navire français, le bateau tanzanien reprend tranquillement sa route et il décharge sa cargaison suspecte dès le lendemain au port de Misrata, fief de puissantes milices libyennes totalement acquises au gouvernement de Tripoli, soutenu par Ankara. Cette histoire est sans doute l'exemple le plus probant de la politique que Recep Tayyip Erdoğan mène à l'encontre de la France. Mais elle est surtout, et au-delà de la hargne qu'il porte à notre pays, la preuve incontestable qu'il se moque de la façon dont notre président prend les choses. Pour dire les choses familièrement, je dirais qu'il s'en fiche complètement, ne le craint absolument pas, ni sur un plan diplomatique ni sur un plan militaire.

A-t-il tort ? Pas vraiment si l'on regarde la manière dont nos dirigeants lui rétorquent. Car notre navire a rebroussé chemin. Le président turc se permet d'insulter Emmanuel Macron, à de nombreuses reprises, sans que jamais aucun couperet ne tombe. À cela, il y a une raison. Suite à l'épisode de la cargaison tanzanienne, seuls huit pays sur les trente composant l'Otan soutiennent la France. Le secrétaire général de l'organisation, saisi par Paris, commence par minimiser l'incident, avant de déclarer qu'il ne s'agit finalement que d'un « incident entre alliés ». Devant l'insistance du gouvernement français, un rapport est tout de même demandé.

Les conclusions de ce rapport ne sont, à notre grand étonnement, pas en faveur de la France, ou ne sont, plus exactement, en faveur de personne. « Le rapport de l'Otan dit de manière claire que, eu égard aux éléments dont elle dispose, l'organisation n'est pas en mesure d'établir une responsabilité dans cette affaire. » En résumé : circulez, il n'y a rien à voir…

Et savez-vous pourquoi ? Tout simplement parce que l'Otan ne prévoit aucune sanction et encore moins l'exclusion d'un de ses membres… Cela donne tous pouvoirs à Recep Tayyip Erdoğan, qui ne peut que s'en amuser, car la France, de fait, dans le cadre de l'Otan, ne peut rien contre lui. Pardon, elle peut faire de grands discours pour marteler son désaccord, ajouter qu'elle sait bien que la Turquie est un pays qui bafoue les droits de l'homme et empêche la libre parole.

« La France ne renoncera jamais à ses principes et à ses valeurs et notamment à la liberté d'expression et à la liberté de publication », répond Gabriel Attal à la question d'un journaliste, posée à l'issue d'un Conseil des ministres. Notre pays fait l'objet d'« une menace terroriste accrue ces derniers jours, nourrie par des appels à la haine », mais qui « nous conforte dans notre volonté de lutter sans relâche contre l'islamisme et tous ses avatars », achève-t-il, comme pour mettre en garde une Turquie qui se veut menaçante. Mais la vérité est que derrière les mises en garde françaises, la peur est palpable. Car Erdoğan, non seulement ne craint absolument pas le président Emmanuel Macron, mais il a une autre arme en main, levier ô combien dangereux pour l'Europe et plus encore pour la France. Je veux parler des flux migratoires.

« Depuis que nous avons ouvert nos frontières, le nombre de ceux qui se sont dirigés vers l'Europe a atteint les centaines de milliers. Bientôt, ce nombre s'exprimera en millions », affirme Erdoğan lors d'un discours à Ankara le 2 mars 2020. Spécifions que le président turc ne parle pas là d'intellectuels ou d'étudiants qui voudraient rejoindre des terres moins hostiles que la sienne mais, vous l'aurez compris, des personnes islamisées, voire de djihadistes pour une part d'entre eux. Dans les faits, les chiffres sont surévalués par le président turc, mais le chantage auquel il soumet l'Europe entière et la France en particulier est une véritable menace pour notre démocratie et Emmanuel Macron le sait. L'Europe a cependant un accord avec la Turquie sur la question des migrants puisque plusieurs milliards d'euros ont été versés à Ankara pour les garder sur son sol. Mais l'Europe sait également que la Turquie peut, sans aucun problème, renoncer à le respecter.

Les attaques d'Erdoğan contre la France interviennent aussi à un moment où les Français entrent en élection présidentielle. Le sujet est sensible pour le président de la République. En plein débat sur le thème de la sécurité et alors que les questions liées à l'islamisme sont d'actualité, le chef de l'État, candidat à sa propre succession, doit gérer des forces contraires. Il est clair aujourd'hui que le président turc a la main sur sa diaspora. À plusieurs reprises, il a demandé aux Turcs de France d'être des « ambassadeurs de la Turquie », rejetant ainsi tous les principes républicains.

Le président français en a conscience, et c'est par la voix de Gérald Darmanin qu'il prévient de cette possible intervention. « Évidemment, il y aura des tentatives d'ingérence pour la prochaine élection. C'est écrit et les menaces ne sont pas voilées », affirme le ministre de l'Intérieur dès le début de la campagne française. Mais, malheureusement, ces propos sont très rapidement modérés par une rencontre des deux présidents en marge d'un sommet de l'Otan le 14 juin 2021 à Bruxelles, « dans un climat apaisé », selon Emmanuel Macron. « Ce rendez-vous a permis l'apaisement, la clarification et le travail concret sur les questions humanitaires en Syrie et sur la Libye, a-t-il ajouté. Compte tenu des enjeux, nous avons l'un et l'autre acté qu'il était nécessaire de tout faire pour pouvoir travailler ensemble. » Paris a gâché une occasion en or de se faire respecter par Ankara. Les diplomates veillent… Dommage…

Conclusion

J'ai voulu écrire ce livre pour montrer qui est Recep Tayyip Erdoğan. Je regrette profondément que les États occidentaux fassent preuve d'un manque de courage préjudiciable face au dirigeant turc, car l'homme dont nous parlons est de ces personnages qui respectent les forts et méprisent les faibles.

Il peut commettre les pires crimes à l'encontre de sa population, il peut violer les droits de l'homme dans son pays, il peut redoubler d'antisémitisme, traiter les femmes comme des citoyennes de seconde zone, massacrer les Kurdes, les combattre et les vaincre au nord de la Syrie, alors qu'ils étaient seuls à braver les djihadistes. Il peut y installer tranquillement un État turc, financer Daesh et abriter lesdits djihadistes en Turquie aussi.

Il peut se lancer dans le trafic de pétrole avec l'État islamique – là encore, silence total. L'information a été rapportée en 2015 par le *New York Times*. Le fils d'Erdoğan dirige une des principales compagnies énergétiques turques alors que son gendre a été nommé ministre de l'Énergie. Silence là aussi.

Il peut encore intervenir en Libye, violer les eaux territoriales grecques pour mettre la main sur les hydrocarbures en mer Égée, menacer la Grèce et Chypre, menacer des États européens également, il peut insulter, à de nombreuses reprises, le président de la République française, et la chancelière allemande, et envoyer des soldats turcs et des djihadistes dans le Haut-Karabakh pour soutenir l'Azerbaïdjan dans ses massacres des Arméniens. Enfin, il peut organiser l'islamisme radical en France et en Europe… Rien ne lui est sérieusement opposé.

Même si la CEDH condamne la Turquie à longueur d'année, même si Amnesty International multiplie les rapports accablants contre Ankara, même si Human Watch Rights réprouve les décisions de la Turquie sur les questions des droits de l'homme, et même si la Turquie figure à la 153e place sur 180 dans le classement de Reporters sans frontières sur les questions de liberté de la presse, ce pays, ou du moins son dirigeant, bénéficie d'un traitement particulier sur la scène internationale.

Au pouvoir depuis vingt ans, Recep Tayyip Erdoğan est le père de cette Turquie. Il est celui qui a voulu que son pays évolue dans ce sens. Il est l'architecte d'un État autoritaire et criminel.

Ce livre est aussi un coup de gueule contre la passivité des dirigeants français qui doivent prendre conscience qu'il faut changer de posture face à l'individu Erdoğan. Pour le modérer, pour le faire plier, pour qu'il respecte les standards européens en matière de libertés et de démocratie, pour qu'il comprenne qu'il ne peut organiser l'ingérence en Europe, pour qu'il accepte que le respect de la laïcité est incontournable en France, il faut durcir le ton et prendre les sanctions nécessaires.

Il est indispensable aujourd'hui de contrôler toutes les organisations qu'il a mises en place, de renvoyer tous les acteurs de l'islam radical turc qui ne respectent pas les règles de la République française, d'interdire les associations qui mettent en danger l'intégrité des citoyens vivant en France, d'enquêter sur leurs dirigeants, de contrôler les flux financiers sur leurs comptes en banque. Il faut convoquer et renvoyer l'ambassadeur de Turquie en France lorsqu'Erdoğan insulte le président de la République française et menace la population.

Il faudra aussi faire planer la menace de la justice pénale internationale ! Ses crimes ne doivent pas rester impunis. La démocratie a des outils de répression des dirigeants criminels. Il faut savoir les actionner.

En une phrase : il est temps de se faire respecter !

Tables des matières

Composition et mise en pages
par Facompo Lisieux

MIXTE
Papier
FSC FSC® C003309

L'éditeur de cet ouvrage s'engage dans une démarche de certification FSC® qui contribue à la préservation des forêts pour les générations futures.

Pour en savoir plus :
www.editis.com/engagement-rse/

Imprimé en France par CPI
en août 2022

N° d'édition : 63507/01 – N° d'impression : 2066545